馆【双色版】

# 诸葛亮兵法

[三国] 诸葛亮◎著

冯慧娟◎编

辽宁美术出版社

## 图书在版编目（CIP）数据

诸葛亮兵法 / (三国) 诸葛亮著; 冯慧娟编 .— 沈
阳 : 辽宁美术出版社 , 2019.6

（众阅国学馆）

ISBN 978-7-5314-8379-3

Ⅰ.①诸… Ⅱ.①诸… ②冯… Ⅲ.①兵法—中国—
三国时代 Ⅳ.① E892.35

中国版本图书馆 CIP 数据核字 (2019) 第 117976 号

---

出 版 社：辽宁美术出版社
地　　址：沈阳市和平区民族北街 29 号　邮编：110001
发 行 者：辽宁美术出版社
印 刷 者：三河市燕春印务有限公司
开　　本：787mm×1092mm　1/32
印　　张：5
字　　数：100 千字
出版时间：2019 年 6 月第 1 版
印刷时间：2019 年 6 月第 1 次印刷
责任编辑：严　赫
装帧设计：新华智品
责任校对：郝　刚
ISBN 978-7-5314-8379-3

---

定　　价：25.00 元

邮购部电话：024-83833008
E-mail：lnmscbs@163.com
http：//www.lnmscbs.cn
图书如有印装质量问题请与出版部联系调换
出版部电话：024-23835227

"鱼水三顾合，风云四海生。武侯立岷蜀，壮志吞咸京。"

唐朝大诗人李白的四句诗可谓道尽了乱世名臣诸葛亮的传奇一生，为后世塑造了一个千年不易的诸葛武侯形象。

作为匡扶乱世的一代名臣，无论是在传奇志怪还是史料记载之中，诸葛亮最为人称道的就是他鬼神莫测的军事才干，鲁迅先生在评价《三国演义》时曾说"状诸葛之多智而近乎妖"，其言虽是对《三国》的贬词，却也一语道尽了诸葛亮非凡的军事才干。

然而提到兵学，今人所乐道的大多是三韬六略、二孙一吴，诸葛亮的兵学思想似乎被"忘却"了。这一方面是因为诸葛亮一生戎马倥偬，为复汉灭曹殚精竭虑，直至病死在五丈原前都没有时间来潜心著作；另一方面则是因为后世所传的诸葛亮兵书多为托名附会，良莠不齐，极大地损害了诸葛亮的威名。

为了还原历史真相，不再任明珠蒙尘，我们以历代留传的诸葛亮文集为本，以治军为政为纲，精心编选了这部《诸葛亮兵法》。

诸葛亮兵法

本书主要由三个部分构成：其一为《将苑》，也就是世传的"诸葛亮兵法"，凡五十篇，本书取其中四十八篇；其二为《便宜十六策》，是诸葛亮就治国治军之道的建言，凡十六策，本书取其中十五策；其三为诸葛武侯文集，其中选取了诸葛亮脍炙人口的佳作数篇。

　　我们希望能在字里行间为您还原一个真实的、丰满的诸葛亮形象，相信您一定能够从中有所获益！

目录

诸葛亮兵法

卷一·将苑

## 第一篇 兵权

**【原文】**

夫兵权[1]者，是三军之司命[2]，主将之威势[3]。将能执兵之权，操兵之要势[4]，而临[5]群下，譬如猛虎，加之羽翼，而翱翔四海，随所遇而施之[6]。若将失权，不操其势，亦如鱼龙脱于江湖，欲求游洋之势[7]，奔涛戏浪，何可得也。

**【注释】**

〔1〕兵权：用兵的权力。

〔2〕"是三军"句：三军，旧时军队的通称。司命，此指主宰、灵魂。

〔3〕威势：威严权势。

〔4〕操兵之要势：把握用兵的威势。

〔5〕临：驾驭。

〔6〕随所遇而施之：随着遇到的不同情势而区别运用。施，处置，运用。

〔7〕欲求游洋之势：想求得畅游海洋的目的。

**【译文】**

所谓兵权，是军队的生死机要，是掌握全军最高权力的统帅发号施令时表现出的不可侵犯的威严和权势。将帅能够掌握兵权，掌握用兵的关键威势，从而操纵部下，就会如虎添翼，翱翔于天下，能随心所欲地应对各种际遇。如果将帅失去了兵权，没有威信，也就像鱼和龙脱离了江河湖海，这样，想要求畅游海洋的自由，在波涛中奔腾嬉戏，怎么可能得到呢？

## 第二篇 逐 恶

【原文】

夫军国[1]之弊，有五害焉：一曰结党相连，毁谮[2]贤良；二曰侈[3]其衣服，异其冠带；三曰虚夸妖术，诡言[4]神道；四曰专察是非，私以动众；五曰伺候得失，阴结敌人[5]。此所谓奸伪悖德之人[6]，可远而不可亲也。

【注释】

〔1〕军国：指军务与国政。

〔2〕毁谮：歪曲事实，别有用心地说别人坏话。

〔3〕侈：奢侈，放纵。

〔4〕诡言：故意地、毫无根据地胡说。

〔5〕"五曰"句：伺候，窥视可乘之机。阴结，秘密地勾结。

〔6〕奸伪悖德之人：指奸猾欺诈、违背道德的人。

【译文】

军国大政的弊端有"五害"：一是结党拉派，诋毁诬陷贤臣良将；二是穿戴奢侈，奇装异服；三是鼓吹妖术，假传神道；四是专门伺察他人是非，从个人利益出发，蓄意编造谣言，煽动民心；五是窥视个人得失，暗中勾结敌人。这就是所谓的那些奸诈虚伪、违背仁义道德的人，对他们只能疏远而不可亲近。

## 第三篇 知人性

【原文】

夫知人之性，莫难察焉。美恶既殊[1]，情貌不一。有温良而为诈者；有外恭而内欺者；有外勇而内怯者；有尽力而不忠者。然知人之道有七焉：一曰，间[2]之以是非而观其志；二曰，穷之以辞辩而观其变[3]；三曰，咨之以计谋而观其识；四曰，告之以祸难而观其勇；五曰，醉之以酒而观其性；六曰，临之以利而观其廉；七曰，期之以事而观其信[4]。

【注释】

〔1〕殊：不同，差别。
〔2〕间：伺候、刺探。此处为试探的意思。
〔3〕变：此处指变通能力。
〔4〕信：诚实，信用。

【译文】

天下再没有比考察了解人的本性更难的事了。（人与人）美善和丑恶悬殊，而真情与外表也不一致：有的人外表温和善良而心怀伪诈；有的人表面谦恭有礼而内心欺诈；有的人表面装作勇敢而内心怯懦；有的人表面尽心竭力而心怀不忠。然而，考察了解人的方法有以下七种：一是令他身陷是非，从而观察他的志向是否坚定不移；二是用巧妙言辞与他辩难论说，以此观察其是否具有应变能力；三是向他征询有关计策谋略，以此观察其见识；四是把祸患灾难的实情告诉他，以此观察其临危是否英勇无畏；五是用美酒佳肴劝诱他醉酒，以此观察其酒后性情是否优良；六是用私利财物来诱惑他，以此观察其面对利诱是否廉洁；七是约定期限要他去办事情，以此观察其是否守信如期完成。

## 第四篇 将 材

**【原文】**

夫将之材有九：道[1]之以德，齐之以礼，而知其饥寒，察其劳苦，此之谓仁将；事无苟免[2]，不为利挠[3]，有死之荣，无生之辱，此之谓义将；贵而不骄，胜而不恃，贤而能下，刚而能忍，此之谓礼将；奇变莫测，动应多端[4]，转祸为福，临危制胜，此之谓智将；进有厚赏，退有严刑，赏不逾时，刑不择贵，此之谓信将；足轻戎马，气盖千夫，善固疆场[5]，长于剑戟，此之谓步将[6]；登高履险，驰射如飞，进则先行，退则后殿，此之谓骑将；气凌三军，志轻强虏，怯于小战，勇于大敌，此之谓猛将；见贤若不及，从谏如顺流，宽而能刚，勇而多计，此之谓大将。

〔1〕道：通"导"，引导。

〔2〕事无苟免：遇事不苟且，不推诿。

〔3〕不为利挠：不为私利而变节折腰。挠，弯曲。

〔4〕动应多端：举动应变灵活多变。多，一作"有"。

〔5〕场（yì）：边境。

〔6〕步将：善于率领步军之将。

【译文】

将领，按其能力可分为九种类型：用德行引导教育，处理事情按礼制，了解部属的饥寒，体恤下级的劳苦，这样的将领叫仁将；遇事不苟且、不推诿，不为私利动摇自己的意志，以死为荣，不忍辱求生，这样的将领叫义将；富贵而不骄傲，取胜不恃功劳，有才能但不耻下问，性格刚强但能控制感情，这样的将领叫礼将；变化多端，高深莫测，不断变幻应对各种不同的情况，转祸为福，转危为安，这样的将领叫智将；对英勇作战建树功劳的进行厚赏，对临阵退却不前的处以严刑，能及时行赏，能罚不避权贵，这样的将领叫信将；跑起来比战马还快，有压倒千人的勇气，善于固守疆界，擅长用剑戟作战，这样的将领叫步将；敢于登高山涉险地，能骑如飞的战马射箭，进攻时打先锋，撤退时当后卫，这样的将领叫骑将。气势凌云，勇冠三军，藐视强大的敌人，慎待小战，面对大敌，英勇无比，这样的将领叫猛将；见到有才能的人自知不如，能够虚心请教，采纳别人的正确意见像流水那样畅快，宽厚而刚强，智勇双全，这样的将领叫大将。

**【原文】**

将之器[1]，其用大小不同。若乃[2]察其奸，伺其祸[3]，为众所服，此十夫之将；夙兴夜寐[4]，言词密察[5]，此百夫之将；直[6]而有虑，勇而能斗，此千夫之将；外貌桓桓[7]，中情烈烈[8]，知人勤劳，悉[9]人饥寒，此万夫之将；进贤进能，日慎一日[10]，诚信宽大，闲于理乱[11]，此十万人之将；仁爱洽[12]于下，信义服邻国，上知天文，中察人事，下识[13]地理，四海之内，视如家室，此天下之将。

**【注释】**

〔1〕器：本指用具，此处比喻有才能的将领。

〔2〕若乃：至于，像。

〔3〕伺其祸：事先能探测到灾祸事端。伺，本指侦察，此处引申为探测。

〔4〕夙兴夜寐：早起晚睡。夙，早。兴，起。寐，睡觉。

〔5〕言词密察：说话谨慎，缜密。

〔6〕直：即耿直。

〔7〕桓桓：威武的样子。

〔8〕中情烈烈：即内心炽热，饱含着感情。

〔9〕悉：一本作"惜"。"悉"重在范围，"惜"重在"怜惜"。

〔10〕日慎一日：一天比一天谨慎、周到。

〔11〕闲于理乱：处理纠纷、事端很有经验。闲，通"娴"，娴熟。

〔12〕洽：滋润，融洽。

〔13〕识：懂得。

【译文】

　　将领的才能和本领不同，那么他们作用的大小也各不相同。那些会察看别人的奸诈，能预先侦测祸患，为大家所信服的人只能任管理十个人的官。早起晚睡，工作勤恳，不避辛劳，说话缜密，口齿伶俐，这样的人能做百人的将领。正直而有远虑，勇敢而能战斗，这样的人能做千人的将领。外貌威武，心中热情高涨，了解士兵的辛勤劳苦，熟悉战士的饥饿寒冷，这样的人能做万人的将领。能提拔和任用有道德、有才能的人，处事一天比一天谨慎小心，为人诚恳讲信用，对人宽宏大量，擅长处理复杂的问题，这样的人能做十万人的将领。能以仁爱之心润泽官兵，讲信用重道义，使邻国臣服，上了解天文，中体察人情，下懂得地理，四海之内视如一家，这样的人可以做天下人的将领。

## 第六篇　将　弊

【原文】

　　夫为将之道，有八弊焉：一曰贪而无厌，二曰妒贤嫉能，三曰信谗好佞，四曰料彼不自料〔1〕，五曰犹豫不自决，六曰荒淫于酒色，七曰奸诈而自怯，八曰狡言〔2〕而不以礼。

〔1〕料：估量，揣测。

〔2〕狡言：诡诈的语言，即花言巧语。

【译文】

　　为将之道，有八个方面的弊病：一是贪得无厌；二是嫉恨有才能的人；三是听信谗言，好用奸佞；四是能够料定别人却不能正确估量自己；五是遇事优柔寡断，不能决断；六是贪图酒色，生活放荡；七是阴险狡诈又胆小怕事；八是处世奸猾而不以礼待人。

## 第七篇　将　志

【原文】

　　兵者凶器，将者危任〔1〕。是以器刚则缺，任重则危。故善将者，不恃强，不怙势〔2〕；宠之而不喜，辱之而不惧；见利不贪，见美不淫；以身殉国，壹〔3〕意而已。

【注释】

〔1〕危任：高级而危险的职务。

〔2〕怙（hù）势：依仗，依靠权势。

〔3〕壹：同"一"。

【译文】

　　军队和战争即是凶险的利器，领兵打仗的将领是危险的重任。兵器太刚硬就容易崩缺，担任了高级职务责任就重大。所以优秀的将领不依仗自己的强大，不凭借自己的权势；受到宠爱不沾沾自喜，被侮辱迫害而不畏惧；见利不贪，看见美色而不淫乱；以身殉国，唯此而已。

## 第八篇 将 善

【原文】

将有五善四欲。五善者：所谓善知敌之形势[1]；善知进退之道[2]；善知国之虚实[3]；善知天时人事；善知山川险阻。四欲者：所谓战欲奇；谋欲密[4]；众欲静[5]；心欲一[6]。

【注释】

〔1〕形势：即指基本情况。

〔2〕道：方法，要领。

〔3〕国之虚实：本文指国家防御力量和物质财富的虚实。

〔4〕密：缜密。

〔5〕众欲静：指军队要安静勿躁。

〔6〕心欲一：专心致志，坚定不移。

【译文】

将帅应当具备"五善"和"四欲"。所谓五善就是：善于及时判明敌人的企图和动态情势；善于运用进退攻防的作战规律；善于准确估计国家力量的虚实强弱；善于适时了解天时条件和人心向背；善于充分了解山川险阻等有利地形。所谓四欲就是：对敌作战要出奇制胜，谋略计划要周密无隙，军队纪律要有序安静，作战决心要专一不变。

## 第九篇 将 刚

【原文】

善将者，其刚不可折[1]，其柔不可卷[2]，故以弱制[3]强，以柔制刚。纯柔纯弱，其势必削；纯刚纯强，其势必亡；不柔不刚，合道之常[4]。

【注释】

〔1〕其刚不可折：句意为性格刚强但不可被摧折。

〔2〕其柔不可卷：句意为性格温和但不软弱。卷，引为畏缩，软弱。

〔3〕制：胜。

〔4〕不柔不刚，合道之常：指为将者要能屈能伸，能刚能柔，刚柔相济，便符合为将的客观规律。

【译文】

善于领兵打仗的将领刚强而不固执遭折，柔和而不软弱畏缩。所以他常常能以弱小来战胜强大的敌军，以柔韧来打败刚劲的敌人。如果是一味地柔韧，一味地软弱，军力的发展趋势一定越来越削弱，如果是一味地刚直，一味地强硬，军队的发展趋势必然走向消亡；只有不柔不刚，刚柔并济才恰恰合乎恒常的规律。

# 第十篇 将骄吝

【原文】

将不可骄，骄则失礼，失礼则人离，人离则众叛。将不可吝[1]，吝则赏不行，赏不行则士不致命，士不致命则军无功，无功则国虚，国虚则寇实矣。孔子曰："如有周公[2]之才之美，使骄且吝，其余不足观也已。"

【注释】

〔1〕吝：吝啬，小气。

〔2〕周公：即姬旦。周文王之子。曾辅佐武王伐商纣王，建立周王朝，采邑于周。武王崩，成王年幼，周公摄政，曾东征，平武庚、管叔、蔡叔之乱。相传周代的礼乐制度均为周公所制定。

【译文】

作为将领，不可以骄横。骄纵无羁就会丧失礼仪法度，丧失礼仪法度就会导致人心离散，人心离散就会导致众叛亲离。将领也不能贪鄙吝啬，贪鄙吝啬赏赐就不能正常实行，赏赐不实行，士卒就不会拼命作战，士卒不拼命作战，军队就不会打胜仗，军队不打胜仗国家就会虚弱不振，国家虚弱不振，敌国就会充实强大。孔子说得好："尽管有周公那样的才能和美德，如果恃才傲物，度量狭小，那么，即使其他方面再好，也不值得称道和学习了。"

**【原文】**

将有五强八恶：高节可以厉[1]俗，孝弟[2]可以扬名，信义可以交友，沈虑[3]可以容众，力行可以建功，此将之五强也；谋不能料是非，礼不能任贤良，政不能正刑法，富不能济穷厄[4]，智不能备未形，虑不能防微密，达[5]不能举所知，败不能无怨谤，此谓之八恶也。

**【注释】**

〔1〕厉：振奋，激励。

〔2〕孝弟：孝顺父母，敬爱兄长。也作"孝悌"。

〔3〕沈虑：即深思熟虑。

〔4〕穷厄：困厄，穷困。

〔5〕达：仕途通达，显贵。

**【译文】**

做将军的有五种优点、八种缺点：高风亮节可以振奋、激励民俗；孝敬父母、友爱兄弟可以宣扬、传播美名；恪守信义可以交结朋友；深思熟虑可以招纳士众；勉力前行可以建功立业，这就是做将军的五种优点。谋略上不能预料是非曲直；施行礼制时却不能任用有才能、有品德的人；治理政事上不能纠正刑名法术中的错误；富有了却不能赈济贫穷的人；出谋划策时智谋不能防备后患；思虑不足以防微杜渐；官运

诸葛亮兵法

〇一三

亨通时却不推荐自己所了解的贤能之人；做事失败了却不免要怨天尤人，这就是做将军的八种缺点。

## 第十二篇 出 师

**【原文】**

　　古者<sup>[1]</sup>国有危难，君简<sup>[2]</sup>贤能而任之。斋三日，入太庙<sup>[3]</sup>，南面而立；将北面，太师<sup>[4]</sup>进钺<sup>[5]</sup>于君。君持钺柄以授将，曰："从此至军，将军其裁之。"复命曰："见其虚则进，见其实则退。勿以身贵而贱人，勿以独见而违众，勿恃功能而失忠信。士未坐，勿坐，士未食，勿食，同寒暑，等劳逸，齐甘苦，均危患。如此，则士必尽死，敌必可亡。"将受词，凿凶门<sup>[6]</sup>，引军而出。君送之，跪而推毂<sup>[7]</sup>，曰："进退惟时，军中事，不由君命，皆由将出。"若此，则无天于上，无地于下，无敌于前，无主于后。是以智者为之虑，勇者为之斗，故能战胜于外，功成于内，扬名于后世，福流于子孙矣。

**【注释】**

〔1〕古者：古时候。者，句中助词。

〔2〕简：选择。

〔3〕太庙：帝王的祖庙。

〔4〕太师：古官名，三公之一。

〔5〕钺（yuè）：古兵器，用以砍杀，状如大斧。

〔6〕凶门：古代将军出征时，凿一扇向北的门，由此出发，以示必以死报国的决心，称凶门。

〔7〕毂（gǔ）：车轮中间车轴贯入处的圆木。安装在车侧轴上，使轮保持直立不至于内外倾斜。这里以毂代轮。

【译文】

　　古时候国家有危难，国君就选拔有才能的人任命，然后斋戒三日。进太庙，君主面南而立，将军面北而立。太师将象征权力的斧钺进献给君主，君主执钺柄授给将军，说："从此到军中，军中一切全由将军裁决定夺。"又命令说："发现敌军空虚就进击，发现敌人实力强就后退，不要因为自己地位高就看不起别人，不要固执己见而违背众愿，不要仗恃功劳能耐而失忠信。士兵未坐自己不坐，士兵未食自己不食。同冷暖，同劳逸，同甘苦，分担危险和患难。这样，士兵一定以死尽忠，敌人一定会被消灭。"将军接受了命令，抱必死决心，率军从凶门出发。君主亲自为军队送行，跪着推动车轮说："前进与后退要符合时宜，军中事宜不要靠君主的命令，一切全由将军裁决。"这样就没有上天阻碍，没有地面限制，前面不受制于敌人，后面没有君主。因此有才能的人为国家出谋划策，有勇猛之力的人为国家敢打敢拼。所以能够在外边打胜仗，在国内成功劳，扬名于后世，福传于子孙后代。

诸葛亮兵法

**【原文】**

夫师之行也，有好斗乐战，独取强敌者，聚为一徒[1]，名曰报国之士；有气盖三军，材力勇捷者，聚为一徒，名曰突阵之士；有轻足善步，走如奔马者，聚为一徒，名曰搴[2]旗之士；有骑射如飞，发无不中者，聚为一徒，名曰争锋[3]之士；有射必中，中必死者，聚为一徒，名曰飞驰之士；有善发强弩，远而必中者，聚为一徒，名曰摧锋[4]之士。此六军之善士，各因其能而用之也。

**【注释】**

〔1〕徒：指同类的人。
〔2〕搴：拔取。
〔3〕争锋：争斗以决胜负。
〔4〕摧锋：摧破敌人锋芒。

**【译文】**

军队即将出征时，将士兵根据不同的类别进行编制，有喜好争斗，乐于拼搏，敢于独取强敌的，聚为一类，称之为报国之士；有气势雄伟，势压三军，勇猛敏捷的，聚为一类，称之为突阵之士；有脚轻善跑，行走如飞的，聚为一类，称之为搴旗之士；有骑马射箭，奔驰如飞、百发百中的，聚为一类，称之为争锋之士；

有射箭必中，中者必死的，聚为一类，称之为飞驰之士；有善发硬弓，远射必中的，聚为一类，称之为摧锋之士。这是六军中的优秀士兵，应该使他们各尽所能，按自己的特长被任用。

## 第十四篇 智 用

【原文】

夫为将之道，必顺天、因时、依人以立胜[1]也。故天作时不作而人作[2]，是谓逆时[3]；时作天不作而人作，是谓逆天[4]；天作时作而人不作，是谓逆人[5]。智者不逆天，亦不逆时，亦不逆人也。

【注释】

〔1〕立胜：即争取胜利。

〔2〕作：起作用。

〔3〕逆时：违背时令。逆，违背。

〔4〕逆天：意思是违背了客观规律。

〔5〕逆人：不顺人意。

【译文】

将帅用兵打仗的原则，必须顺应自然条件，掌握时机，依靠人的力量才能迅速取得胜利。如果顺应自然条件，时机不合适，而人为地去办事，这就叫违背时机；如时机成熟，自然条件不利，而人为地去办事，就叫违背自然条件；顺应自然条件，时机成熟，而枉顾士民不宜赴战的实情而行动，就叫不会使用人。凡是有谋略、有远见的人，不会背逆自然条件，也不会丧失时机，也不会违背人们的意志。

## 第十五篇　不　阵

【原文】

古之善理者不师[1]，善师者不陈[2]，善陈者不战[3]，善战者不败[4]，善败者不亡[5]。昔者，圣人之治理也，安其居，乐其业，至老不相攻伐，可谓善理者不师也。若舜修《典刑》[6]，咎繇作《士师》[7]，人不干[8]令，刑无可施，可谓善师者不陈。若禹伐有苗[9]，舜舞干羽而苗民格[10]，可谓善陈者不战。若齐桓[11]南服强楚，北服山戎[12]，可谓善战者不败。若楚昭[13]遭祸，奔秦求救，卒能返国，可谓善败者不亡矣。

【注释】

〔1〕善理者不师：善于治理政务的人不用军队。

〔2〕善师者不陈：善于指挥军队的人不刻意摆阵势。陈，布阵之意，后作阵。

〔3〕善陈者不战：善于布阵的人不战而胜。

〔4〕善战者不败：善于打仗的人立于不败之地。

〔5〕善败者不亡：善于对待失败的人不会被消灭。

〔6〕"若舜"句：舜，古代传说中的帝王，姚姓。典刑，即刑法。相传舜曾主持修过法典。

〔7〕"咎繇"句：咎繇，即皋陶。传说曾为舜的大臣，掌管刑狱之事。士师，即刑狱法令。

〔8〕干：触犯，冒犯。

〔9〕"若禹"句：禹，即夏禹。夏后氏部落领袖，姒姓。鲧（gǔn）的儿子。相传禹继承鲧的事业治水，采用疏导的办法治理水患。后来巡狩天下，至会稽（今浙江绍兴）死。有苗，即三苗，我国古代部族名称，活动于长江中游以南一带。

〔10〕"舜舞"句：干羽，即干楯、羽扇类物，为古代的一种舞具。格，改正，纠正。用在这里为驯、感化的意思。

〔11〕齐桓：即姜小白（？—前643）。春秋时齐国国君，春秋五霸之一。本文南服强楚事约在齐桓公二十三年（前663）前后。

〔12〕山戎：我国古代北方民族名，也叫北戎，活动在今河北省一带。

〔13〕楚昭：（约前523—前489）楚平王的儿子。本文楚昭王遭祸，奔秦求救一事在公元前506年，即伍子胥率吴兵攻入楚国国都郢，楚昭王先逃云梦泽又奔他处。随后申包胥求救于秦，哭秦庭七日，秦方许借兵复国。

【译文】

古时候善于治理国家的人不动用军队，不依靠武力。善于治理军队的人不需要刻意布列阵式，善于布阵的人不依靠作战得胜，善于作战的人能立于不败之地，失败了能总结经验、励精图治的人不会灭亡。正像古时候圣人治理天下，使百姓安居乐业，老死不互相攻打，这就是所说的善于治理而不依靠军队和武力；再像舜修刑法，皋陶做掌管刑狱的官，人们不触犯法令，刑罚无处可施，这就是所说的善于治理而不必刻意规范战阵秩序；再像禹攻打有苗族，舜舞干楯和羽扇，并没有动兵打仗，而有苗的百姓就降服了，这就是所说的善于布列阵式的不需动兵作战；再像齐桓公称霸诸侯时，向南使强大的楚国屈服，向北使山戎部族臣服，这就是所说的善于作战的立于不败之地；再像楚昭王遭遇灾祸，国都沦陷，而后逃奔秦国求救，终于击败吴军，返回自己的国家，这就是所说的善于处理败局的才能转败为胜，不至于灭亡。

## 第十六篇 将 诚

《书》曰："狎侮[1]君子，罔以[2]尽人心；狎侮小人，罔以尽人力。"故行兵之要，务揽[3]英雄之心，严赏罚之科，总文武之道[4]，操刚柔之术。说礼乐而敦[5]《诗》《书》，先仁义而后智勇；静如潜鱼，动若奔獭；丧其所连，折其所强，耀以旌旗，戒以金鼓，退若山移，进如风雨，击崩若摧[6]，合战若虎。迫而容之，利而诱之，乱而取之，卑而骄之，亲而离之，强而弱之，有危者安之，有惧者悦之，有叛者怀之，有冤者申之，有强者抑之，有弱者扶之，有谋者亲之，有谗者覆之，获财者与之；不倍兵以攻弱，不恃众以轻敌，不傲才以骄人，不以宠而作威；先计而后动，知胜而始战，得其财帛不自宝，得其子女不自使。将能如此，严号申令，而人愿斗，则兵合刃接而人乐死矣。

【注释】

〔1〕狎侮：轻侮。《书·泰誓》："狎侮五常，荒怠弗敬。"狎，xiá，轻忽。

〔2〕罔以：常见固定格式。动词"罔"和介词"以"连用，可译作"没有什么办法用来……"。

〔3〕揽：收揽，招引。《三国志·诸葛亮传》："总揽英雄，思贤若渴。"

〔4〕总文武之道：全面贯彻"文""武"结合的方针。总，全面。文武，这里指行军中的宣传鼓动与严密布置。道，规律，方针。

〔5〕敦：重视。

〔6〕击崩若摧：一作"击若崖崩"，这里是打击敌军，就像山崖崩摧。

【译文】

《尚书》上说："轻侮有德行的人，就不能服人心；轻侮老百姓，就不能使他们尽力。"所以领兵打仗的关键是一定要笼络住英雄和有志者的心，严明赏赐刑罚的各种条例，精通政治军事，掌握刚柔并济的战术，喜好礼乐，重视《诗》《书》，先修仁义而后达到有智有勇。在用兵方面：安静时如潜入深水的游鱼，行动时像獭兽奔腾。消灭敌人的部队联系，打击敌人的强大力量，以旌旗作为下达命令的标志，锣鼓作为行动的号令。退却时似山移岳动，进攻时如疾风暴雨，攻打溃敌如山崩崖摧，与敌合战如饿虎扑食。在紧张的形势下从容不迫，用小利引诱敌人，乘敌混乱时相机攻取。敌人谨慎时使其骄傲，敌人团结就设法离间，敌人强大就削弱他的力量，有危险的人就解救他，有胆小害怕的就安慰、稳定他，有反叛之心的就怀柔感化他，有冤枉的就替他申冤，强暴的就制约他，懦弱的就支持他，有谋略的就亲近他，有进谗言的就审查他，得到财产就分给大家。不仗着军队人数多去攻打弱小，不因为自己人多势众而轻视敌人，不因为自己有才能而对人骄傲，不因受到君主的宠爱而作威作福。打仗时，先准备周密的计划而后行动，有了获胜的把握再开始作战。缴获敌人的财物，不据为己有；俘虏了敌方的亲属和子女不自己支配使用。将帅能够做到这样，军令自然严明，部下就会心甘情愿地战斗，那么，军队进入战斗状态时，士兵就乐意作战而不怕死了。

## 第十七篇 戒 备

**【原文】**

　　夫国之大务，莫先于戒备。若夫失之毫厘，则差若千里，覆军杀将，势不逾息[1]，可不惧哉！故有患难，君臣旰食[2]而谋之，择贤而任之。若乃居安而不思危，寇至而不知惧，此谓燕巢于幕[3]，鱼游于鼎[4]，亡不俟夕矣！《传》[5]曰：
"不备不虞，不可以师。"又曰："豫备无虞，
古之善政。"又曰："蜂虿[6]尚有毒，而况国
乎？"无备，虽众不可恃也。故曰，有备无患。
故三军之行，不可无备也。

### 【注释】

〔1〕逾息：逾，超过；息，喘息。形容变化之快，快过喘息的时间。

〔2〕旰食：旰，晚，即很晚才吃饭。

〔3〕幕：幕帐。

〔4〕鼎：古代烹煮用的炊具。

〔5〕《传》：指《左传》。

〔6〕虿：蝎子一类的毒虫。

### 【译文】

国家的重大政务，再没有比国防戒备更重要的了。这方面如有一点极为细小的失误或疏忽，就会酿成巨大的错误和严重后果，其导致军队覆灭和牺牲将领不过是在瞬息之间，难道可以不害怕吗？所以，国家遇有战争危难的时候，君主和群臣废寝忘食地进行谋划，选择贤能之士而委以将帅之职。至于居安而不思虑可能发生的战争危险，敌人打来了还不知道恐惧的，这就是通常所说的燕子筑巢于帐幕之上，鱼儿游弋于釜鼎之中，国家的灭亡也就迫在眉睫了！《左传》上说得好："没有防备和不能预料有无危险的，战时就不可以统兵作战。"又说："预做准备以防不测，这是

古代留给人们最为妥善的政治措施。"还说："像蜂和蝎子这样的小虫还有毒刺以防侵害，更何况一个国家呢！"没有搞好战备，部队虽多也不可凭借其取胜。因此说有了充分准备才能消除祸患。所以，三军的行动，不可以没有准备。

## 第十八篇 习 练

【原文】

　　夫军无习练，百不当一；习而用之，一可当百。故仲尼曰："不教而战，是谓弃之。"又曰："善人教民七年，亦可以即戎矣〔1〕。"然则即戎之不可不教，教之以礼义，诲之以忠信，诫之以典刑，威之以赏罚，故人知劝。然后习之〔2〕，或陈而分之，坐而起之，行而止之，走而却之，别而合之，散而聚之。一人可教十人，十人可教百人，百人可教千人，千人可教万人，可教三军，然后教练而敌可胜矣。

【注释】

　　〔1〕善人教民七年，亦可以即戎矣：语出《论语·子路》。意思是：善人对百姓教育和训练了七年，这样，才可以让他们去当兵打仗。即，就；即戎，参军打仗。

　　〔2〕习之：让他们练习。习，使动用法。后文的分、起、止、却、合、聚与此相同。

　　军队若不加严格训练，百人也不抵一人之用；经过训练然后打仗，可以一人当百人。所以仲尼说："让没有受过训练的百姓去打仗，就等于抛弃他们。"又说："让能人教育、训练百姓七年，那么百姓也就可以参加作战了。"而参加作战的士兵，不可以不教诲。首先教育他们懂得礼义，教育他们明白忠信用刑法来告诫他们，用奖赏和惩罚威服他们，因此他们就会受到鼓励。只有这样，才可以操练演习，或列队或解散，或坐或起，或动或止，前进后退，分散集合。以一人教十人，以十人教百人，以百人教千人，以千人教万人，以万人教全军，这样训练之后，对敌作战就可稳操胜券。

## 第十九篇　军 蠹 [1]

【原文】

　　夫三军之行，有探候 [2] 不审，烽火失度 [3]；后期 [4] 犯令，不应时机，阻乱师徒 [5]；乍前乍后，不合金鼓；上不恤 [6] 下，敛削 [7] 无度；营私徇己 [8]，不恤饥寒；非言妖辞 [9]，妄陈祸福；无事喧杂，惊惑将吏；勇不受制，专而陵 [10] 上；侵竭府库 [11]，擅给其财。此九者，三军之蠹，有之必败也。

〔1〕军蠹（dù）：军队中的蛀虫。蠹，蛀虫。

〔2〕探候：即侦察。

〔3〕烽火失度：意为报警不准。烽火，古代战争中通报敌情的一种方式。

〔4〕后期：即误期。

〔5〕师徒：泛指军队。徒，步兵之类称徒。

〔6〕恤（xù）：体恤。

〔7〕敛削：原作"削敛"，今据《说郛》本改。指过分地搜刮。

〔8〕营私徇己：谋求私利，一心为己。徇，意为顺从。

〔9〕非言妖辞：意为流言蜚语。

〔10〕陵：侵犯。

〔11〕侵竭府库：意为贪污挪用，使府库枯竭。

### 译文

在三军行军打仗中，存在（九种危害极大的行为）：侦察敌情不翔实可靠，不按照规定而妄发烽火信号；延迟规定时限而违犯军令，贻误战机而破坏全军计划；行动忽前忽后，肆意违背金鼓指挥号令；上级不体恤部下，剥削、聚敛没有限度；营私舞弊以满足自己的贪欲，不关心士卒饥寒；散布流言蜚语扰乱部众，胡说祸福吉凶迷惑军心；无缘无故就喧闹嘈杂，惊扰惑乱将吏的正常军务；勇猛凶悍而不服从长官指挥，专横跋扈竟至欺凌无视上级；侵夺吞没府库财物，擅自动用分配。以上这九种现象，是军队的蛀虫，如果有了这些，必败无疑。

**【原文】**

夫为将者,必有腹心、耳目、爪牙。无腹心者,如人夜行,无所措手足;无耳目者,如冥[1]然而居,不知运动;无爪牙者,如饥人食毒物,无不死矣。故善将者,必有博闻多智者为腹心,沈审谨密者为耳目,勇悍善敌者为爪牙。

**【注释】**

〔1〕冥:昏暗。

**【译文】**

作为领兵打仗的将领,一定要有自己的"腹心""耳目""爪牙"来辅助军中工作。如果没有心腹,就好像人在夜里走路,将会手足无措,慌乱不定。如果没有耳目,就好像一个人在黑暗中独处,不知道如何活动。如果没有爪牙,就好像非常饥饿的人吃了有毒的食物,没有不死的。所以,善于统兵作战的人,一定要有见多识广、足智多谋的人来作为自己的心腹,要有沉着、仔细、谨慎、周密的人来作为自己的耳目,要有勇敢强悍、英勇善战的人作为自己的爪牙。

诸葛亮兵法

〇二七

【原文】

夫败军丧师，未有不因轻敌而致祸者。故师出以律，失律则凶。律有十五焉：一曰虑，间谍明也；二曰诘，诶候谨[1]也；三曰勇，敌众不挠也；四曰廉，见利思义也；五曰平，赏罚均也；六曰忍，善含耻[2]也；七曰宽，能容众也；八曰信，重然诺也；九曰敬，礼贤能也；十曰明，不纳谗也；十一曰谨，不违礼也；十二曰仁，善养士卒也；十三曰忠，以身徇国也；十四曰分，知止足也；十五曰谋，自料知他也。

【注释】

〔1〕诶候谨：诶（suì），问讯。候，侦查。谨，细心，慎重。
〔2〕含耻：包纳耻辱。

【译文】

凡是打败仗全军覆没的人，往往是由于轻敌而导致了大祸。所以出兵打仗要有严格的规则，违背一定的军事规律就会有凶险。概括起来，作战规则有十五条：第一条是要善于思考分析，对敌情了如指掌；第二条是注意盘问追查，务必非常谨慎地盘问、侦查后才做出判断；第三条是勇敢，对强大的敌人不屈服；第四条要廉洁，有利可图时想到和遵循礼义；第五条是公平，做到公平，就要赏罚分明；第六条要善于忍耐，忍辱负重；第七条要心胸开阔，能团结大多数人；第八条是有信义，说过的一定要办到；第九条要尊重有识之士，做到礼贤纳士；第十条要明察实情，不听信谗言；第十一条要谨慎，处处遵守礼节；第十二条要讲仁义，妥善照顾士卒；第十三条要精忠报国，愿意以身殉职；第十四条要做事有分寸，知道满足；第十五条要有计谋，知己知彼。

## 第二十二篇 机 形〔1〕

### 【原文】

夫以愚克智，逆〔2〕也；以智克愚，顺也；以智克智，机也。其道有三：一曰事，二曰势，三曰情。事机作而不能应〔3〕，非智也；势机动而不能制，非贤也；情机发而不能行，非勇也。善将者必因机而立胜。

### 【注释】

〔1〕机形：意为根据形势，相机而动。
〔2〕逆：原作"命"，今据张澍本改。
〔3〕应：即应机而作。

### 【译文】

以愚蠢战胜机智，是违背常情的；以机智战胜愚蠢，是顺应情理的；以机智战胜机智，关键在于把握时机。把握时机要从三个方面着眼：一是事机，二是势机，三是情机。事件变化中，时机成熟而不能利用的，是不明智的人；形势发生变化而不能控制形势、因势利导的，不是贤能的人；当态势已经很明确对己方有利而不能果断采取行动的，不是勇敢的人。善于为将的人，必定要以充分利用战机而取得胜利。

## 第二十三篇 重 刑

**【原文】**

吴起[1]曰："鼓鼙[2]金铎[3]，所以威耳，旌帜，所以威目，禁令刑罚，所以威心。"耳威以声，不可不清；目威以容，不可不明；心威以刑，不可不严。三者不立，士可怠也。故曰："将之所麾[4]，莫不心移；将之所指，莫不前死矣。"

**【注释】**

〔1〕吴起（前440—前381）：战国时著名军事家和政治家。卫国人。初在鲁、魏任将，后奔楚，任令尹，辅佐楚悼王实行变法，促进了楚国的强盛。善于用兵，屡建战功。《汉书·艺文志》载其著有《吴起》四十八篇，已佚。今本《吴子》六篇系后人所托。

〔2〕鼓鼙：鼙，古代军中所击的小鼓。鼓鼙即大鼓和小鼓。

〔3〕铎：古代乐器，形如大铃。也用来作为军中的传令工具。

〔4〕麾：指挥，挥动。

吴起说："鼓鼙金铎，都是用来震慑的听觉号令，起到指挥作用；旌旗麾帜，都是用来展示颜色而指挥部队的视觉号令；禁令刑罚，都是用来威慑部队思想的军法律令。"耳朵服从于声音，所以敲击鼓鼙金铎的声音就不可不清越激扬；眼睛服从于颜色，所以旌旗麾帜的颜色就不可不清楚鲜明；军心受制于刑罚，所以贯彻实行禁令刑罚就不可不从严掌握。如果不能做到以上这三点，军心士气可就会怠惰松懈了。所以说："（如果能按上述三点要求去做）那么，将帅指挥到哪里，士卒无不自觉心向哪里；将帅指挥到哪里，部队无不拼死向前作战。"

## 第二十四篇 善 将[1]

【原文】

古之善将者有四：示之以进退，故人知禁；诱之以仁义，故人知礼；重[2]之以是非，故人知劝[3]；决之以赏罚，故人知信。禁、礼、劝、信，师之大经[4]也，未有纲直而目不舒[5]也。故能战必胜，攻必取。庸将不然，退则不能止，进则不能禁，故与军同亡；无劝戒[6]则赏罚失度，人不知信，而贤良退伏[7]，谄顽登用[8]；是以战必败散也。

诸葛亮兵法

〇三一

【注释】

〔1〕善将：即善于为将。

〔2〕重：在本段中，重为使看重之意。

〔3〕劝：劝勉，鼓励。

〔4〕师之大经：治军的主要规律。

〔5〕未有纲直而目不舒：此句从"纲举目张"衍化而来，意思是抓住事物的关键，带动其他部分。纲是网上的总绳，目是网上的眼，抓住总绳，网眼也就舒张了。

〔6〕劝戒：一本作"劝诫"。

〔7〕贤良退伏：意思是有才能的人或退隐或潜伏。

〔8〕谄顽登用：指逢迎拍马、品质恶劣的人受到重用。

【译文】

古时候，善于带兵打仗的将帅有四大法宝：向部下讲明前进或后退的要求规定，所以他们知道什么叫禁令；引导士兵崇尚仁义，所以他们知道什么叫礼；令士兵看重是非，因而人人知道奋勉向上；处理军务严明赏罚，所以士兵懂得讲忠信。禁、礼、劝、信，这是治军的重要规律。只要坚守这个"纲"军队就会得治，正像没有纲拉直了，网眼还是不能正常张开的网一样。所以，只要做到以上四点，作战就一定能胜利，攻敌就一定能攻破。但是，平庸的将领却不是这样的：战斗中军队后退不能制止，贸然前进也禁止不住，所以做将领的就必然和军队一同被消灭。同样，没有鼓励和禁止，赏罚也就失去标准，人们就不讲忠信，有才能的优秀人才就会后退，甚至隐蔽起来，于是善于诌媚的顽劣分子就会身登要位。因此，作起战来，军队必然失败，甚至全军溃散。

# 第二十五篇 审 因

## 【原文】

夫因人之势<sup>[1]</sup>以伐恶，则黄帝不能与争威矣。因人之力<sup>[2]</sup>以决胜，则汤、武不能与争功矣。若能审因而加之威胜<sup>[3]</sup>，则万夫之雄将可图，四海之英豪受制矣。

## 【注释】

〔1〕势：形势，趋势。《孟子·公孙丑上》："虽有智慧，不如乘势。"《荀子·富国》："百姓之力，待之而后功……百姓之势，待之而后安。"

〔2〕力：力量。《商君书·开塞》："汤，武致强，而征诸侯，服其力也。"

〔3〕威胜：靠威力取胜。

## 【译文】

凡是顺乎民意而讨伐罪恶的，即使是黄帝也不能与其争威势。如果凭借人们的团结去战斗，即使是商汤、周武也不能与其争功名。如果能审时度势再加上威势，那么力敌万人的英雄也同样会归附在这样的将帅麾下，四海之内的豪杰之士都将听命于他。

**【原文】**

　　夫行兵之势有三焉：一曰天，二曰地，三曰人。天势者，日月清明，五星合度[1]，彗孛[2]不殃，风气调和。地势者，城峻重崖，洪波千里，石门幽洞，羊肠曲沃。人势者，主圣将贤，三军由礼，士卒用命，粮甲坚备。善将者，因天之时，就地之势，依人之利，则所向者无敌，所击者万全矣。

**【注释】**

　　[1] 五星合度：五星的运行合乎常规。
　　[2] 彗孛：即彗星，又称扫帚星。

**【译文】**

　　行军打仗的有利因素主要有三个方面：一是天，二是地，三是人。天势是日朗月清，星辰运行正常，彗星不出现，风和气顺。地势是城墙坚固，关隘险阻，河流环绕，水波浩荡，占山筑寨，据洞扼守，崎岖小路，地形曲折。人势是君主圣明，将领贤达，全军讲究礼义，士兵拼命作战，粮草充足，铠甲坚固。善于用兵打仗的将领，凭借天时，借助地利，依靠人心团结，则所向无敌，凡攻击定稳操胜券。

诸葛亮兵法

【原文】

　　贤才居上，不肖[1]居下，三军悦乐[2]，士卒畏服，相议以勇斗，相望以威武，相劝以刑赏，此必胜之征也。士卒惰慢，三军数惊，下无礼信，人不畏法，相恐以敌，相语以利，相嘱以祸福，相惑以妖言，此必败之征也。

【注释】

　　[1] 不肖：不才，不正派。
　　[2] 悦乐：心悦诚服，乐于效命。

【译文】

　　贤才担任重要职务指挥打仗，没有才能的人在下级位置听从命令，全军上下心悦诚服，士卒敬畏统帅服从指挥，以勇敢战斗作为相互谈论的话题，以勇武威风作为相互比量的标准，以赏功罚过作为相互劝勉的内容，这些就是军队必然胜利的征兆。如果士兵怠惰松懈、军纪散漫，部队经常无端惊惧混乱，属下不守礼义信义，人人都不惧怕违犯军法，以敌人相互恐吓，以私利作为相互交谈的话题，以避祸得福作为相互叮嘱的内容，以怪诞邪说作为相互诳惑的内容，这些就是军队必定失败的征兆。

诸葛亮兵法

〇三五

【原文】

　　夫将者，人命之所县也，成败之所系也，祸福之所倚也。而上不假之以赏罚，是犹束猿猱 [2] 之手，而责之以腾捷。胶离娄 [3] 之目，而使之辨青黄，不可得也。若赏移在权臣，罚不由主将，人苟自利，谁怀斗心？虽伊、吕 [4] 之谋，韩、白 [5] 之功，而不能自卫也。故孙武曰："将之出，君命有所不受。"亚夫 [6] 曰："军中闻将军之命，不闻有天子之诏。"

【注释】

　　[1] 假权：国君要给予将军权力。

　　[2] 猿猱（náo）：泛指猿猴。猱，古代的一种猴。

　　[3] 离娄：人名，传说其能见秋毫之末。《孟子·离娄上》："离娄之明，公输子之巧，不以规矩不能成方圆。"

　　[4] 伊、吕：伊尹和吕尚。伊尹辅佐商汤，吕尚辅佐周武王，都是开国元勋。

　　[5] 韩、白：韩信和白起。汉代韩信、秦代白起，都以善用兵著名，后以韩、白指多谋善断的将领。

　　[6] 亚夫：即周亚夫。汉代沛郡人，周勃之子，封条侯，为将军时曾屯兵细柳，军令严整。

【译文】

　　将帅这一职位关系着士兵的命运，是全军成败的关键，左右着国家命运的福祸兴亡。如果君主不把赏罚大权交给将帅，就像束缚了猿猱的手脚，而勒令它敏捷地腾跃，又如把离娄的眼睛用胶粘起来，让他辨别青黄的颜色，这是不可能的。假若把赏赐的大权交给朝廷中有权的大臣，惩罚的实施不由将帅做主，那人们就会只图自己的利益，谁还有为国作战的决心？就是有伊尹、吕尚的谋略，韩信、白起的武功，也不能保护自己。所以孙武说："将在外领兵打仗，君命有的可以不接受。"周亚夫也说："军中只知道将帅的命令，而不知道君王的圣旨。"

## 第二十九篇 哀 死

【原文】

古之善将者，养人如养己子。有难，则以身先之 [1]，有功，则以身后之；伤者，泣而抚之，死者，哀而葬之，饥者，舍食而食之 [2]，寒者，解衣而衣之 [3]，智者，礼而禄之，勇者，赏而劝之。将能如此，所向必捷矣。

【注释】

〔1〕先之：指在士卒前边。

〔2〕舍食而食之：前面的"食"为名词，指食物；后面的"食"音（si），作动词，即给他们吃。

〔3〕解衣而衣之：前面的"衣"为名词，指衣服；后面的"衣"为名词用作动词，即给他们衣穿。

**【译文】**

古时候擅长带兵打仗的将帅，教育培养士卒如同教育培养自己的孩子一样，如果有难就身先士卒；面对功劳荣誉，就退身于后而不争抢；对受伤的士卒，要悲痛地加以抚慰；对牺牲的士卒，悲痛哀悼并给予安葬；对饥饿的士卒，拿自己的食物给他们吃；对寒冷的士卒，要脱下自己的衣服让他们穿；对睿智聪颖的人，以礼相待而给以官禄；对英勇善战的人，要用奖赏予以鼓励。将帅果真能够做到这样，就会所向披靡、无往不胜了。

## 第三十篇 三 宾

**【原文】**

夫三军之行也，必有宾客〔1〕，群议得失，以资将用。有词若县流〔2〕，奇谋不测，博闻广见，多艺多才，此万夫之望，可引为上宾。有猛如熊虎，捷若腾猿，刚如铁石，利若龙泉〔3〕，此一时之雄，可以为中宾。有多言或中，薄技小才，常人之能，此可引为下宾。

**【注释】**

〔1〕宾客：古时，官僚贵族往往在家中养许多食客，为其所用，称为宾客。此处指军队中为将帅出谋划策，效力献计的幕僚。

〔2〕县流：即悬河。形容说话滔滔不绝。

〔3〕龙泉：剑名。相传晋代张华见斗、牛之间有紫气，后使人于丰城狱中掘地得二剑，一曰龙泉，一曰太阿。后泛指宝剑。

【译文】

　　三军行军作战，一定要有宾客幕僚共同议论军事行动的得失，用来供将军参考。这些宾客幕僚中，有的讲起道理来滔滔不绝，口若悬河，奇异的计谋神秘莫测，他们知识丰富，见识渊博，技艺才华众多，这是全军渴望得到的人才，可以举荐为上等宾客；有的人像力盖群兽的熊虎那么勇猛，轻捷得像腾跳疾跃的猿猴，刚强得像钢铁和坚石，锋利得像著名的龙泉宝剑，这常常是一时的英雄，可以举荐为中等宾客；有的在众多言谈中偶尔言中，技能微薄，才能不大，能力平常，这样的人仅可举荐为下等宾客。

## 第三十一篇　后　应

【原文】

　　若乃图难于易[1]，为大于细[2]，先动后用[3]，刑于无刑[4]，此用兵之智也。师徒已列，戎马交驰，强弩才临，短兵又接，乘威布信[5]，敌人告急，此用兵之能也。身冲矢石，争胜一时，成败未分，我伤彼死，此用兵之下也。

【注释】

〔1〕图难于易：从简单处着手筹划困难的事情。

〔2〕为大于细：即细处着手达成大的目标。

〔3〕先动后用：先调动训练后用以对敌。

〔4〕刑于无刑：指用刑的目的在于不用刑。

〔5〕乘威布信：乘着决胜威势，传播信誉，树立威信。

　　如果能够把困难转变为容易，大事化为小事，先调动训练士兵随后用以对敌，进行赏赐刑罚时，能够达到不刑而治，这就是用兵的智慧。军队出动列阵打仗，战马奔腾，强弓硬弩临阵甫一发射，便紧跟短兵接战，再乘着胜势，施予影响，迫使敌军投降，这是用兵的能者。向敌人进攻时，冒着敌人的乱箭滚石，夺取一时的胜利，战斗中一时难分胜负，结果是我受到严重的损伤才消灭了敌人，这是用兵的下策。

## 第三十二篇　便　利

【原文】

　　夫草木丛集，利以游逸[1]；重塞山林，利以不意；前林无隐，利以潜伏；以少击众，利以日莫[2]；以众击寡，利以清晨；强弩长兵，利以捷次；逾渊隔水，风大暗昧，利以搏前击后。

【注释】

　　〔1〕游逸：流动，游击作战。
　　〔2〕莫：通"暮"。

【译文】

　　杂草与树木丛生之地，利于部队流动隐蔽。关隘险阻，山林重叠，便于进攻，出其不意。树林前面地域开阔，方便于林中潜伏。以少击多，最便利莫过于黄昏；以多击少，最便利在清晨之时。硬弓弩箭、长柄兵器，利于交替射击。借助深渊河流阻险，以及风大昏暗之便，利于击前阻后。

## 第三十三篇 应 机

【原文】

　　夫必胜之术，合变之形[1]，在于机也。非智者孰能见机而作乎？见机之道，莫先于不意。故猛兽失险，童子持戟以追之。蜂虿发毒，壮夫彷徨而失色。以其祸出不图，变速非虑也。

【注释】

　　[1] 合变之形：军队分合变化的形式。

【译文】

　　对敌人作战的必胜之法，军队分合变化的形式，关键在于把握有利战机。除了有谋略、有远见的人有谁能做到见机行事呢？而见机行事的重要原则，莫过于做到出敌不意。所以，猛兽一旦失去险要作为凭借，就连小孩都可以拿长戟追赶它。但黄蜂、蝎子突然放毒蜇人，即使壮士也会惊惧得不知所措，这是因为祸患来得太意外，情况突变而无法防范。

【原文】

古之善用兵者，揣其能而料其胜负。主孰圣也？将孰贤也？吏孰能也？粮饷孰丰也？士卒孰练也？军容孰整也？戎马孰逸也？形势孰险也？宾客孰智也？邻国孰惧也？财货孰多也？百姓孰安也？由此观之，强弱之形，可以决矣。

【译文】

古时候擅长带兵打仗的将领，能够根据各方面的条件推测谁胜谁负。哪一方的国君比较圣明，哪一方的将帅比较贤能，哪一方的官吏比较有才能，哪一方的粮食给养丰富，哪一方的士卒进行了严格的训练，哪一方的军容比较严整，哪一方的战马比较敏捷迅速，哪一方所据的地形更险峻有利，哪一方的宾客比较有智谋，哪一方的邻近国家比较畏惧他的军队，哪一方的财货比较多，哪一方的百姓比较安居乐业。根据以上方面仔细分析，谁强谁弱，谁胜谁负就可以判明了。

## 第三十五篇 轻 战

【原文】

螫虫 [1] 之触，负其毒也；战士能勇，恃 [2]

其备也。所以锋锐甲坚，则人轻战。故甲不坚密，与肉袒[3]同；射不能中，与无矢同；中不能入，与无镞[4]同；探候不谨，与无目同；将帅不勇，与无将同。

【注释】

〔1〕螫（shì）虫：即毒虫。

〔2〕恃：依靠。

〔3〕肉袒（tǎn）：脱去上衣，裸露肢体。

〔4〕镞（zú）：箭头。

【译文】

　　毒虫敢用刺伤人，是依靠它的毒液；战士能够英勇杀敌，是凭借他的武器。所以，部队兵器锐利而铠甲坚固耐用，就会人人不惧怕战斗。因此，铠甲如果不坚固厚实就如裸露身体一样；弓箭如果不能射中目标，就和有弓无箭一样；箭头射中而不能穿入，和没有箭头一样；侦察敌情而不能谨慎认真，和没有侦察一样；将帅指挥作战不英勇果敢，和没有将帅一样。

## 第三十六篇 地 势

【原文】

　　夫地势者，兵之助也。不知战地而求胜者，未之有也。山林土陵[1]，丘阜[2]大川，此步兵之地；土高山狭，蔓衍[3]相属，此车骑之地；

依山附涧，高林深谷，此弓弩之地；草浅土平，可前可后，此长戟之地；芦苇相参，竹树交映，此枪矛之地也。

〔1〕土陵：即大土山。

〔2〕阜（fù）：没有石头的土山。

〔3〕蔓衍：形容像蔓草一样扩展伸延。

【译文】

地理形势是军队作战的辅助条件。从来没有不懂得战地的形势而求得战争胜利的。那么军队作战如何选择地势呢？山地、林地、田野、丘陵、小山以及大河，这都是适宜步兵用武的地方。地势较高，山路狭窄，蔓延相连，这是适宜用车骑作战的地方。依山靠水，高林深谷，这是适宜使用弓弩的地方。草低地平，可进也可退，这是适宜使用长戟的地方。芦苇参差丛生，竹树相杂生长，这是适宜使用枪矛的地方。

## 第三十七篇 情 势

【原文】

夫将有勇而轻死者，有急而心速者，有贪而喜利者，有仁而不忍者，有智而必怯者，有谋而情缓者。是故勇而轻死者，可暴也；急而心速者，可久也；贪而喜利者，可遗也；仁而

不忍者，可劳也；智而心怯者，可窘也；谋而
情缓者，可袭也。

　　将帅之中，有勇敢不怕死的，有急于求成的，有
贪婪而喜爱财物的，有仁慈而心软的，有睿智但胆子
小的，有善于谋略但优柔寡断的。因此对付敌军勇敢
不怕死的将领可以采取使其暴躁的办法；对于总是急
于求成的敌将可以采取久拖的办法；对于贪功图利的
敌将可以施予小利；对于仁慈心软的敌将可以采取使
其烦劳的办法；对有才智而胆子小的敌将可以使其陷
入困境；对有计谋但优柔寡断的敌将可以采取突然袭
击的办法。

## 第三十八篇　击　势

　　古之善斗者，必先探敌情而后图之。凡师
老粮绝[1]，百姓愁怨，军令小习[2]，器械不修，
计不先设，外救不至，将吏刻剥[3]，赏罚轻懈，
营伍失次，战胜而骄，可以攻之。若用贤授能，
粮食羡馀[4]，甲兵坚利，四邻和睦，大国应援，
敌有此者，引而计之。

　〔1〕师老粮绝：打仗时间过久，粮草用尽。

〔2〕军令小习：费解。按张澍本注，一作"人多疾疫"。

〔3〕刻剥：剥削，指侵夺士卒利益。《三国志·魏书·陈留王传》："刻剥众羌，劳役无已。"

〔4〕羡馀：富足而有盈余。

【译文】

　　古时候善于统军作战的将帅，必定首先探明敌情而后再图谋战胜敌人。凡是部队长时间疲惫、粮草断绝，百姓忧愁怨声迭起，军法律令无人熟悉，铠甲兵器久用不修，不预先设好计策，孤军作战外无救兵，军官将吏盘剥士卒，贯彻赏罚轻率随便，部队行列次序混乱，打了胜仗骄傲自满的敌人，就可以乘隙发起进攻。如果任用贤能之士，粮草供应充足有余，铠甲兵器坚固锐利，与邻国能和睦相处，又有大国接应援救。对有上述情况的敌人，应当引兵退避以待机谋取之。

## 第三十九篇　整　师

【原文】

　　夫出师行军，以整为胜。若赏罚不明，法令不信，金之不止，鼓之不进，虽有百万之师，无益于用。所谓整师者，居则有礼，动则有威，进不可当，退不可逼，前后应接，左右应旄〔1〕，而不与之危，其众可合而不可离，可用而不可疲矣。

〔1〕旄：古时旗杆上用旄牛尾做的装饰，因而也就指带有这种装饰的旗。

【译文】

凡是发动军队行军作战，都应以整齐一致作为胜利的先决条件。如果赏赐刑罚不严明，军法律条不信实，鸣金不能止，击鼓不前进，纵有百万军队，也没有多大用处。所谓整齐一致的军队就是驻扎有礼节，出征有雄风，前进不可挡，撤退不可追逼，前后互有接应，左右顺应指挥，很少出现自相妨害的军队。这样的军队可以聚合而不可离散，可以用以战斗而不能使它疲惫。

## 第四十篇 厉 士

【原文】

夫用兵之道，尊之以爵，瞻之以财，则士无不至矣；接之以礼[1]，厉之以信[2]，则士无不死[3]矣；蓄恩[4]不倦，法若画一[5]，则士无不服矣；先之以身，后之以人，则士无不勇矣；小善必录[6]，小功必赏，则士无不劝[7]矣。

【注释】

〔1〕接之以礼：以礼待兵。接，对待。

〔2〕厉之以信：以诚相待来振奋士兵。

〔3〕士无不死：士兵没有不愿效死的。

〔4〕蓄恩：贮积恩德。

〔5〕法若画一：执行法令始终如一。

〔6〕小善必录：小的善行也一定要记载下来。

〔7〕劝：努力，自勉。《管子·轻重乙》："若是，则田野大僻，而农夫劝其事矣。"

【译文】

　　用兵的方法，就是对待自己的部下要委以高位，给予一定的财物供其生活，这样就没有募集不到的士兵了。按照一定的礼仪接待他，用信义来鼓励他，这样将士没有不拼命效力的。不断施加恩惠，执行军法一视同仁，这样将士就没有不心悦诚服的。首先要身先士卒，然后再要求别人，这样将士就没有不勇敢的。做一点好事就记录定功，有一点功劳就一定奖赏，这样将士就没有不尽心尽力的。

## 第四十一篇　自　勉

【原文】

　　圣人则〔1〕天，贤者法地，智者则古。骄者招毁，妄者稔〔2〕祸，多语者寡信〔3〕，自奉者少恩，赏于无功者离，罚加无罪者怨，喜怒不当者灭。

【注释】

〔1〕则：效法。

〔2〕稔（rěn）：原指庄稼成熟，此引为积蓄灾祸。

〔3〕多语者寡信：言语多的人很少言而有信。

【译文】

　　圣人遵循天道，贤者效法自然规则，明智的人以古人为榜样。骄傲的人会招致毁损，狂妄无知的人会酿成灾祸，夸夸其谈的人缺少信义，自我吹捧的人缺少恩情，对无功的人行奖赏就会人心离散，对无罪的人进行惩罚就会引起怨恨，喜怒无常就会招致灭亡。

## 第四十二篇 战 道

【原文】

　　夫林战之道，昼广旌旗，夜多金鼓，利用短兵，巧在设伏，或攻于前，或发于后。丛战之道，利用剑楯〔1〕，将欲图之，先度其路，十里一场，五里一应，偃戢〔2〕旌旗，特严金鼓，令贼无措手足。谷战之道，巧于设伏，利以勇斗，轻足之士凌其高，必死之士殿其后，列强弩而冲之，持短兵而继之，彼不得前，我不得往。水战之道，利在舟楫，练习士卒以乘之，多张旗帜以惑之，严弓弩以中之，持短兵以捍之，设坚栅以卫之，顺其流而击之。夜战之道，利在机密，或潜师以冲之，以出其不意，或多火鼓，以乱其耳目，驰而攻之，可以胜矣。

〔1〕楯：盾牌。

〔2〕偃戢：放倒，收藏。

【译文】

军队在森林地区的作战方法是：白天要广布旗帜，夜间要多用锣鼓，充分发挥短兵的作用，巧妙地设下埋伏，或从敌人前方进攻，或从敌人后方对敌袭击。军队在草木丛生地区的作战方法是：最好使用短剑和盾牌，若准备消灭敌人，则首先要侦察清楚必经之路的远近，在那里每十里设一场，每五里设一应，将武器和旗帜都放倒掩藏不暴露目标，严格控制锣声和鼓声，使敌人手足无措。军队在山谷地区作战的方法是：要巧妙设下埋伏，最好英勇作战，令行动迅速的士兵占据高处作战，敢死之士跟在后面，用强弓强弩向敌人射击，依靠短兵继射击后投入战斗，使得敌人不能前进，我方也绝不后退。军队在水上作战的方法是：利于使用舟楫，要训练士卒能够乘坐它们，多树旗帜迷惑敌人，用弓弩射击敌人，用短兵器保护舟船抵御敌人，设立坚固的栅栏防备敌人袭击，要顺着水势进攻敌人。军队在夜间作战的方法是：利于采取机密行动，或派出部队悄悄地接近敌人而突然发起进攻，出其不意；或者多设火光和鼓声，以乱敌军的耳目，并迅速地进攻敌人，就能够获取胜利。

## 第四十三篇 和 人

【原文】

　　夫用兵之道，在于人和。人和则不劝而自战矣。若将吏相猜，士卒不服，忠谋不用，群下谤议，谗慝互生，虽有汤、武之智，而不能取胜于匹夫，况众人乎。

【译文】

　　用兵之道在于军队内部团结一致；军队内部团结一致了，就不需要劝勉而人人能自觉奋战。如果将领与军官之间相互猜忌，士卒们不服从管理指挥，忠诚谋士不被重用，部众之中毁谤非议盛行，谗言和邪恶之事交互发生，那么，虽有商汤、周武王那样的才智，也不能战胜一个平常人，更何况是人数众多的敌军呢！

## 第四十四篇 察 情

【原文】

　　夫兵起而静者，恃其险也；迫而挑战者，欲人之进也；众树动者，车来也；尘土卑[1]而广者，徒[2]来也；辞强而进驱者，退也；半进而半退者，诱也；杖而行者，饥也；见利而不进者，劳也；鸟集者，虚也；夜呼者，恐也；军扰者，将不重也；旌旗动者，乱也；吏怒者，倦也；数[3]

赏者，窘也；数罚者，困也；来委谢[4]者，欲休息也；币重而言甘[5]者，诱也。

【注释】

〔1〕卑：低。《左传·昭公三十二年》："计丈数，揣高卑。"

〔2〕徒：步兵。

〔3〕数：屡次，频繁。

〔4〕委谢：委质道歉，即表示归顺而致道歉之意。

〔5〕币重而言甘：礼物贵重，甜言蜜语。

【译文】

战斗已经打响，而一方还安静不动，是依仗着地势的险要；士卒迫近而屡屡挑战，目的是要对方进攻；一大片树木摇动，是表示车骑来了；尘土低起而飞扬广阔，一定是步兵已经来了；言辞强硬而前进者，是想撤退；半进半退，是意在引诱；拿兵器当拐杖行走，是饥饿难忍；看见财富而无动于衷，是劳累过度；众鸟群集敌营，表示无兵把守；敌人夜晚呼叫，则为害怕所致；军中纷扰，是将军威信不重；旌旗乱动，表示军纪编制已经混乱；军官如果发怒，预示着士兵疲劳；赏赐频繁，一定是境况窘迫；屡动罚刑，是处境困顿；前来委质道歉，是想休整；礼重而说得好听，一定是在引诱。

## 第四十五篇 将 情

【原文】

夫为将之道，军井未汲[1]，将不言渴；军食未熟，将不言饥；军火未然，将不言寒；军幕未施[2]，将不言困；夏不操扇，雨不张盖，与众同也。

【注释】

〔1〕汲（jí）：从井中打水。

〔2〕军幕未施：意为帐篷还没有搭好。

【译文】

为将之道要做到：兵士还没从井中打上水来时，将帅不说口渴；兵士还没有把饭食煮熟时，将帅不说饥饿；兵士还没有把火点燃的时候，将帅不说寒冷；兵士还没有把军帐搭好时，将帅不说困倦。炎热的夏天将帅不持扇，下大雨时不张伞，这些是为了要和普通士兵同甘共苦。

## 第四十六篇 威 令

【原文】

夫一人之身，百万之众，束肩敛息[1]，重足俯听[2]，莫敢仰视者，法制使然也。若乃上无刑罚，下无礼义，虽贵有天下，富有四海，而不能自免[3]者，桀、纣之类[4]也。夫以匹夫之刑令以赏罚，而人不能逆其命者，孙武、穰苴[5]之类也。故令不可轻，势不可逆[6]。

〔1〕束肩敛息：指垂肩屏气，形容害怕的样子。

〔2〕重足俯听：即并拢双足，低头聆听，形容恭敬的样子。

〔3〕不能自免：指连自己也难幸免。

〔4〕桀、纣之类：指夏桀与商纣王这一类人。

〔5〕穰（ráng）苴（jū）：即司马穰苴，我国春秋末军事家，齐国人，田姓，长于治兵，有兵法行世。

〔6〕逆：原本作"通"。今据《百子全书》本改。

【译文】

　　将帅一人统领着上百万的军队。部属被召见时恭恭敬敬，甚至不敢大声呼吸，对他的命令只能俯首恭听，唯命是从，甚至对他不敢仰面相视，这是因为有法制约束他们这样。如果上面不设立刑罚，下边不讲礼义，就是像皇帝那样，贵有天下、富有四海，也不能避免灭亡，夏桀、殷纣王就属于这一类。即使一介匹夫，如能掌握兵权，以法令制军，以赏罚树立军威，兵士便不敢违背他的命令，像孙武、司马穰苴就属于这一类。所以，法制军令不可轻视，权势也不可违逆。

## 第四十七篇　东　夷〔1〕

【原文】

　　东夷之性，薄礼少义，捍急能斗，依山堑海，凭险自固，上下和睦，百姓安乐，未可图也。若上乱下离，则可以行间，间起则隙生，隙生则修德以来之〔2〕，固〔3〕甲兵而击之，其势必克也。

〔1〕东夷：古代华夏族对东方诸民族的称呼。《孟子·离娄下》："舜生于诸冯，迁于负夏，卒于鸣条，东夷之人也。"《后汉书》《三国志》皆有《东夷传》。

〔2〕来之：把他们招来。来，使动用法，招致。

〔3〕固：坚固，指军事上做好充分的准备。

【译文】

东方各少数民族的本性缺乏礼义廉耻，迅猛强悍善于战斗，地理位置依山临海，凭借险要自我固守，他们君臣上下和睦一致，黎民百姓安居乐业，不可以图谋。如果其上层混乱，百姓离心，就可以对其实施离间之计，离间可以引起其内部矛盾，矛盾一生就可以用恩惠感召他们，同时再调遣强大兵力进攻他们，其结果一定能够战胜他们。

## 第四十八篇 南 蛮〔1〕

【原文】

南蛮多种，性不能教，连合朋党，失意则相攻。居洞依山，或聚或散，西至昆仑，东至洋海，海产奇货，故人贪而勇战，春夏多疾疫，利在疾战，不可久师也。

【注释】

〔1〕南蛮：中国古代对南方各民族的泛称。

　　南方少数民族部族繁多，习性不易教化，平时他们之间部落连村结寨，互相卫护，一旦失和则相互攻打。他们占据深洞，依靠险岗，或聚或散，其分布西到昆仑，东到大海。海中生产奇珍异宝，所以人们贪财而勇于格斗。南方部族的领地春夏因炎热潮湿多流行瘟疫，因而用兵利在速战速决，停留时间不能太长。

诸葛亮兵法

卷二·便宜十六策

## 治国第一

【原文】

治国之政，其犹治家。治家者务立其本，本立则末正[1]矣。夫本者，倡始也；末者，应和也。倡始者，天地也；应和者，万物也。万物之事，非天不生，非地不长，非人不成。故人君举措[2]应天，若北辰[3]为之主，台辅[4]为之臣佐，列宿[5]为之官属，众星为之人民。

是以北辰不可变改，台辅不可失度[6]，列宿不可错缪[7]，此天之象也。故立台榭以观天文[8]，郊祀[9]、逆气以配神灵，所以务天之本也；耕农、社稷，山林、川泽，祀祠祈福，所以务地之本也；庠序[10]之礼、八佾[11]之乐，明堂辟雍[12]，高墙宗庙[13]，所以务人之本也。

故本者，经常之法，规矩之要。圆凿不可以方枘[14]，铅刀不可以砍伐，此非常用之事不能成其功，非常用之器不可成其巧。故天失其常，则有逆气，地失其常，则有枯败。人失其常，则有患害。经曰："非先王之法服不敢服。"此之谓也。

【注释】

〔1〕本立则末正：本与末相对而言。本即事物的本源；末

原指树梢，这里指事物的末端。本立则末正，意思是根本建立了，末梢也就端正了。

〔2〕举措：措置、措施。

〔3〕北辰：即北极星。古代认为它处于天的中心，为天下众星之主。

〔4〕台辅：古星名，位于紫微宫帝座之旁。本文用来比喻辅佐大臣。

〔5〕列宿：众星宿。古代人认为天有五星，地有五行；天上有列宿，地上有州城。

〔6〕失度：失去法度、常态。

〔7〕错缪：即错误、差错。缪，通"谬"。

〔8〕"故立"句：台榭，旧称积土高起者为台，在台上盖的房子称榭。后来泛指在高地供游观的建筑物为台榭。天文，相对于地文而言，指日月星辰在宇宙间分布运行的现象。古人常把云、雨、风、电、露、霜、雪等气象也归入天文范围。

〔9〕郊祀：在郊外祭祀天地的一种礼仪活动。

〔10〕庠（xiáng）序：古代学校的称谓。

〔11〕八佾（yì）：佾，古代乐舞的行列，八佾是天子的规格。

〔12〕"明堂"句：明堂，旧时帝王宣明政教的地方称明堂，凡朝令、祭祀等大典都在这里举行。辟雍（yōng），相传周天子为贵族子弟开设的大学称辟雍。本文泛指贵族学校。

〔13〕高墙：即高堂，谓父母。宗庙：祭祀祖先的处所。

〔14〕圆凿不可以方枘（ruì）：意思是圆形的卯眼容纳不了方形的榫头。枘，榫头。

【译文】

治理国家的方法就像治理家庭一样。治家的关键，务必建立根本，根本正了末节也就正了。所谓根本，就是事物的开端，所谓末节，就是应之而起的其他事物。天地是开端，万物适应天地而生。万事万物，没有天不会产生，没有地不会生长，没有人就不能促成。所以君主行事要顺应天理，就像北极星为君主，三台星和辅星为其大臣僚佐，众星宿为其官吏，群星为黎民百姓一样。因此北极星不能改变方向，三台星、辅星不能运行失度，众星宿不能错乱，这就是天象。所以（人们）建造亭台楼阁来观察天象，在郊外祭祀消除不顺之气以配享神灵，这就是致力于天这个根本；耕种田地，祭祀土谷之神，改造山林川泽，建造祠庙祈求降福，这就是致力于地这个根本；设立学校，教以礼仪，建立八佾的舞乐和明堂辟雍，建造宫室、宗庙，这就是致力于人这个根本。所以说根本是永恒的法则，是礼法的关键。圆孔不能纳方榫，铅做的刀不能用来砍伐。就是说如果不合乎常理做事就不能取得成功；不是适当的器具，不能做出精巧的器物。所以天失去常态，就会产生不顺之气；地失去常态，就会造成枯萎衰败；人失去常态，就会有祸患灾害产生。《孝经》说："不是先王的礼法所规定的服装不敢随便穿。"就是这个意思。

## 君臣第二

[原文]

君臣之政，其犹天地之象[1]；天地之象明，则君臣之道[2]具矣。君以施下[3]为仁，臣以事上为义。二心不可以事君，疑政[4]不可以授臣。上下好礼，则民易使；上下和顺，则君臣之道具矣。君以礼使臣，臣以忠事君。君谋其政，臣谋其事。政者，正名也。事者，劝功也。君劝其政，臣劝其事，则功名之道俱立矣。

是故君南面向阳，著其声响[5]；臣北面向阴，见其形景[6]。声响者，教令也；形景者，功效也。教令得中[7]则功立，功立则万物蒙其福。是以三纲六纪[8]有上中下。上者为君臣，中者为父子，下者为夫妇，各修其道，福祚至矣。

君臣上下，以礼为本；父子上下，以恩为亲；夫妇上下，以和为安。上不可以不正，下不可以不端。上枉下曲，上乱下逆。故君惟[9]其政，臣惟其事，是以明君之政修，则忠臣之事举。学者思明师，仕者思明君。故设官职之全[10]，序爵禄之位，陈璇玑[11]之政，建台辅之佐，私不乱公，邪不干正，此治国之道具矣。

**【注释】**

〔1〕天地之象：天体和大地的形象。

〔2〕道：规律，这里引申为关系。

〔3〕施下：对下属施恩德。

〔4〕疑政：犹疑不决的政事。

〔5〕著其声响：使其声响显著。

〔6〕景：通"影"。

〔7〕得中：符合客观实际。

〔8〕三纲六纪：三纲，指君臣、父子、夫妇之道，指君为臣纲，父为子纲，夫为妇纲。六纪，指诸父、兄弟、族人、诸舅、师长、朋友，是儒家用以确定上下尊卑、伦理关系的教条。

〔9〕惟：思考。

〔10〕全：通"铨"。铨序，按官吏资绩，确定等级升降。

〔11〕璇玑：《史记·天官书》：北斗七星，所谓璇、玑、玉衡，以齐七政。《春秋运斗枢》云："斗第一天枢，第二璇，第三玑，第四权，第五衡，第六开阳，第七摇光。"（七政指春、夏、秋、冬、天文、地理、人道，或指日、月和金、木、水、火、土五星。）

【译文】

　　君和臣的政务关系，就如同天地间的象。天地之象明朗，那么君臣之道也就完备了。君主以施恩于下为仁爱，臣子以忠诚侍君为节义。怀二心者不可以侍奉君主，有疑问的政务不可以下授群臣。上下喜好礼义，百姓就容易驱使。上下和睦顺畅，君臣之道也就完备了。君主按照礼义任用大臣，大臣以忠义侍奉君主。君谋国家大政，臣谋办事功效。"政"就是使名分确定，"事"就是图建功立业。君主致力于名分有度，臣下致力于建功立业，那么功和名这两者也就齐备了。

　　因此君主南面朝阳，为的是使他的声音传得更远，更加响亮；大臣北面向阴，是为了现其形影。所谓声响，就是政教法令；所谓形影，即为办事功效。政令得当，那么功业就能建立。功业建立，万物就受恩惠。所以三纲六纪分上中下三等。上者君为臣纲，臣绝对服从君主。中者父为子纲，子女绝对服从父亲。下者夫为妻纲，妻妾绝对服从丈夫。各从其事，各守其位，福运就会降临。

君臣上下把礼义视为根本。父子上下，当以恩情为亲。夫妇上下，当以和顺为安。上不可以不正，下不可以不端。上枉则使下曲，上乱则使下逆。所以君主主要就是治政，大臣主要就是办事，君主圣明，政治修明，那么忠心耿耿的大臣就能建立功业了。正如爱学习钻研的人思慕名师，做官的人则思慕明君。所以设立官职的铨序，班次爵禄之位，任命台辅佐政，建全台阁监察，令私情不乱公事，邪恶不干正义，这样治理国家的途径就全备了。

## 视听第三

【原文】

视听之政，谓视微形，听细声。形微而不见，声细而不闻。故明君视微之几，听细之大，以内和外，以外和内。故为政之道，务于多闻。是以听察采纳众下之言，谋及庶士，则万物当其目，众音佐其耳。故《经》[1]云："圣人无常心，以百姓为心。"目为心视，口为心言，耳为心听，身为心安。故身之有心，若国之有君，以内和外，万物昭然。观日月之形，不足以为明，闻雷霆之声，不足以为听，故人君以多见为智，多闻为神。夫五音[2]不闻，无以别宫商，五色[3]

不见，无以别玄黄。盖闻明君者常若昼夜，昼则公事行，夜则私事兴。或有吁嗟之怨而不得闻，或有进善之忠而不得信。怨声不闻，则枉者不得伸，进善不纳，则忠者不得信，邪者容其奸。故《书》[4]曰："天视自我民视，天听自我民听。"此之谓也。

**【注释】**

〔1〕《经》：指《道德经》。

〔2〕五音：古乐中的五个音阶，宫、商、角、徵、羽。也叫五声。

〔3〕五色：旧时把青、黄、赤、白、黑五色作为主要颜色。也泛指各种色彩。

〔4〕《书》：指《尚书》。

**【译文】**

所谓"视听"的执政策略，即在处理政事时，要重视调查研究，重视看和听。看，要看到细微的形象，听，要听到细弱的声音。因为形体微小就不容易被看见，声音细弱就不容易被听见。所以，圣明的君主应能从极细小的迹象中，看到大的隐患；能从极细弱的声音中，听到强烈的反响，从而达到主观适应于客观，客观和主观相一致。所以，处理好政事的一条根本途径，就是要多听下情。如果能够听取、分辨、采纳下属的意见，甚至听取地位低下的庶士的意见，那么，万事万物就尽现于你的眼中，各种各样的声音都会在你的耳边萦绕。《道德经》上说："圣人治国，没有固定不变的思想法则，以百姓的需要为准则。"这正是：眼睛是为心观察的，口是为心发表意见的，耳是为心听取反映的，身是因为心而健康成长的。所以，身体有心，就像国家有君主一样，如果能使主观和客观相适应，那么，万事万物中的道理都会明明白白。能看到日月的形象，不足以说明你视力好；能听到雷霆的声音，不足以说明你听力好。所以国君把能看到更多的事物作为智慧，把能听到更多的声音作为聪明。如果不曾听到过五音，怎么能分辨宫商等音调？不曾看见过五色，就无法辨别什么是玄，什么是黄。听说明君昼夜不息地工作，白天处理朝廷大事，夜里处理身边琐事，这样，有些哀怨之声还听不到，有些忠谏善言还得不到采纳。哀怨的声音听不到，含冤的人就不能申雪；忠谏直言得不到采纳，忠心耿耿的人就得不到信任，反而使那些奸邪的人得到姑息。所以，《尚书》上说："上天要察看下面的情况，从我们老百姓看起；上天要倾听下面的声音，也要从我们老百姓听起。"说的就是关于"视听"的道理。

## 纳言第四

【原文】

　　纳言之政[1]，谓之谏诤[2]，所以采众下之谋也。故君有诤臣[3]，父有诤子，当其不义则诤之[4]，将顺其美，匡救其恶。恶不可顺，美不可逆；顺恶逆美，其国必危。夫人君拒谏，则忠臣不敢进其谋，而邪臣专行其政，此为国之害也。故有道之国，危言危行[5]；无道之国，危行言孙[6]。上无所闻，下无所说。故孔子不耻下问，周公不耻下贱，故行成名著，后世以为圣。是以屋漏在下，止之在上；上漏不止，下不可居矣。

【注释】

〔1〕纳言之政：指采纳大家意见的为政之道。

〔2〕谏诤：直言相劝。

〔3〕诤臣：敢于犯颜直谏的朝臣。

〔4〕当其不义则诤之：此句意为当发现君主有不符合道义的言行就进行规劝。其，指代君主。

〔5〕危言危行：语出《论语·宪问》。意为说话正直，行为正直。危，正直。

〔6〕危行言孙：语出《论语·宪问》。意为国家政治黑暗，人行为正直，但说话却谨慎。孙，通"逊"，顺。

【译文】

　　纳言之政就是指用鼓励谏诤的方式来采纳众人的智慧。所以人君有直言不讳的朝臣，人父有直言规劝的孝子，一旦遇到他们行为不符合道义规范就极力规劝，服从他们的美德、美政，匡救失德。对于恶政丑行，不能顺应，对于善政美德，不能违背。顺恶拒美，国家就必定有危险。如果人君拒绝诤臣的谏言，那么忠臣就不敢进献谋略，而邪恶之臣就会乘机独断专行，这是国家的祸害。所以政治清明的国家，人们言论正直，行为正直。政治黑暗的国家，人们行为谨慎，说话要看上面的脸色而变得畏怯恭顺。人君既不尝试听取百姓呼声，臣下也不敢向上陈述真情。所以孔子不以向卑贱者讨教为耻，周公不以向低贱者谦恭为辱，以至功成名就、名垂千秋，后世认为是圣人。所以屋漏在下，止漏却在其上，如果上漏不止，下面就无法居住了。

## 察疑第五

【原文】

　　察疑之政，谓察朱紫之色[1]，别宫商之音。故红紫乱朱色，淫声疑正乐[2]。乱生于远，疑生于惑。物有异类，形有同色[3]。白石如玉，愚者宝之[4]；鱼目似珠，愚者取之；狐貉似犬，愚者蓄之；栝蒌似瓜，愚者食之。故赵高指鹿为马[5]，秦王不以为疑；范蠡贡越美女，吴王不以为惑[6]。计疑无定事，事疑无成功。故圣人不可以意说为明，必信夫卜[7]，占其吉凶。书曰："三人占，必从二人之言。"而有大疑者，"谋及庶人[8]"。故孔子云，明君之治，不患人之不己知，患不知人也[9]。不患外不知内，惟患内不知外；不患下不知上，惟患上不知下；不患贱不知贵，惟患贵不知贱。故士为知己者死，女为悦己者容〔10〕，马为策己者驰，神为通己者明〔11〕。故人君决狱行刑，患其不明。或无罪被辜〔12〕，或有罪蒙恕；或强者专辞〔13〕，或弱者侵怨〔14〕；或直者被枉，或屈者不伸；或有信而见疑〔15〕，或有忠而被害，此皆招天之逆气，灾暴之患，祸乱之变。惟明君治狱案刑〔16〕，问其情辞，如不虚不匿，不枉不弊，观其往来，察其进退，听其声响，瞻其看视。形惧声哀，来疾去迟，还顾吁嗟〔17〕，此怨结之情不得伸也。下瞻盗视，见怯退还，喘息却听，沉吟腹计，语言失度，来迟去速，不敢反顾，此罪人欲自免也。孔子曰："视其所以，观其所由，察其所安，人焉廋哉〔18〕！人焉廋哉！"

【注释】

〔1〕朱紫之色：朱色，大红色，古称正红。紫色，深色中很美的颜色。因紫能乱朱，后来用朱紫比喻正邪、是非、优劣等。

〔2〕淫声疑正乐：古称郑卫之音等俗乐叫淫声，以别传统的雅正之乐。后来以淫声称浮靡不正派的乐曲。

〔3〕物有异类，形有同色：不同类的东西，有时颜色和形状却很相似。

〔4〕宝之：宝，意动用法，以……为宝。

〔5〕赵高指鹿为马：此典故出自《史记·秦始皇本纪》，比喻故意颠倒是非，擅作威福。

〔6〕范蠡贡越美女，吴王不以为惑：范蠡，春秋楚人，字少伯。越王勾践为吴所败，退守会稽，知吴王夫差好色，欲献美女以乱

其政。后来得西施与郑旦，训练三年，令范蠡献之。吴王大悦，果迷惑忘政，后终于为越所灭。

〔7〕必信夫卜：卜，古人用火烧龟甲取兆以预测吉凶。夫，语气助词，无意。

〔8〕谋及庶人：向庶人请教、求计。庶人，指一般平民。

〔9〕不患人之不己知，患不知人也：不忧虑别人不了解自己，忧虑的是不了解别人。语出《论语·学而》。"不己知"即不知己，否定句宾语前置。"不知人"，不了解别人。

〔10〕女为悦己者容：女子为喜欢自己的人而打扮。

〔11〕神为通己者明：神为笃信他的人显灵。

〔12〕或无罪而被辜：有的人无罪却遭受定罪。

〔13〕强者专辞：勇武有力的人自己说了算。

〔14〕弱者侵怨：懦弱的人被侵凌而怀怨愤。

〔15〕信而见疑：诚实的人而被怀疑。

〔16〕治狱案刑：处理诉讼，决断刑狱。

〔17〕还顾吁嗟：临去不断回顾，叹息。

〔18〕人焉廋哉：语出《论语》，意为坏人怎样隐藏呢？廋（sōu），隐匿。

【译文】

察疑之政就像详察朱紫等颜色、分别宫商等音律。所以，紫红这种颜色常常和正红色相混，有时又容易把浮靡不正派的乐调误认为传统的雅正之乐。祸乱虽常出于关系疏远的人，而疑心却生于使人迷惑的相近的事物。事物虽有不同的类别，形状外表有时却是同一种颜色。白色的石头和玉石相似，愚蠢的人就把它当成宝玉；鱼的眼睛和珍珠相似，愚蠢的人就把它当珍珠收藏；狐和狢很像狗，愚蠢的人就把它们当狗来喂养；苦涩的栝蒌很像瓜，愚蠢的人却不畏苦涩当做瓜吃掉它们。所以赵高指着鹿就说是马，秦王一点儿也不疑惑其中有阴谋；范蠡向夫差贡献美女西施，用以惑乱吴国的政治，吴王丝毫没有察觉这是在用美人计来迷惑他。如果计谋惑乱就无法决定政事，如果政事惑乱就无法成就功业。所以，连圣人也不能用凭空设想来代替正确的计划，一定要用占卜来预测吉凶。《尚书》说："三个人一同占卜吉凶，预测未来，一定要顺从其中二人占卜的结果。"如果还有大的疑惑难以决定，一定要向庶民百姓求计。所以孔子说，圣明的君主治理国家，不忧虑别人不了解自己，忧虑的是不了解别人；不忧虑客观不了解主观，只忧虑主观不了解客观；不忧虑下层群众不了解上层领导，忧虑的是上层领导不了解下层群众；不忧虑地位低下的人不了解身居高位的人，只忧虑身居高位的人不了解地位低下的人。所以，士人愿意为了解自己的人不惜生命，女人愿意为喜欢自己的人来打扮，马为鞭策自己的人而疾驰，神为笃信自己的人而显灵。所以国君在处理狱讼、决断刑罚时，常常忧虑自己不明白实际情况，导致有的人无罪却遭受降罪，有的人犯了罪却得到宽恕；有的人强暴善辩，便自己说了算而洋洋自得，有的人软弱无能被侵凌而心怀不满；有的人公正耿直却被冤枉，有的人含冤受屈却不得伸张；有的人忠厚诚实却被怀疑，有的人忠心耿耿却遭受迫害。所有这些都将招致反常的自然现象，以至于社会动荡，天下大乱。英明的国君处理狱讼、决断刑罚时，首先要问明实际情况，看被审问的人回答问题是否能不说谎，不隐瞒，不转弯，不作弊；再观察他的往来动作，进退举止，听他的声音，看他的眼神。如果表情恐惧，声音凄哀，来得快，离开得慢，再三回顾叹息，这便是心中怨愤郁结而不得伸张的表现。如果贼眉鼠眼，只敢往下看，畏惧胆怯，退下后喘息不止，但耳朵却在细听，口中低声自语，腹内仔细盘算，说话前后矛盾，来得迟，走得疾，不敢回头看，这便是罪犯要逃脱罪责的表现。孔子说："仔细分析罪犯犯罪的原因，详审罪犯犯罪的经过，了解罪犯的生活，那么坏人怎么还能隐藏呢！坏人怎么还能隐藏呢！"（注：前句的解释是基于本段文字，与《论语》中原意不尽同。）

## 治人第六

【原文】

治人之道，谓道之风化，陈示所以也。故《经》云："陈之以德义而民与行，示之以好恶而民知禁。"日月之明，众下仰之；乾坤之广，万物顺之。是以尧、舜[1]之君，远夷贡献，桀、纣[2]之君，诸夏背叛，非天移动其人，是乃上化使然也。故治人犹如养苗，先去其秽。故国之将兴，而伐于国；国之将衰，而伐于山。明君之治，务知人之所患皂[3]服之吏，小国之臣。故曰：皂服无所不克，莫知其极，克食于民，而人有饥乏之变，则生乱逆。唯劝农业，无夺其时，唯薄赋敛，无尽民财。如此，富国安家，不也宜乎？夫有国有家者，不患贫而患不安。故唐、虞之政，利人相逢，用天之时，分地之利，以豫凶年，秋有馀粮，以给不足，天下通财，路不拾遗，民无去就。故五霸[4]之世，不足者奉于有馀。故今诸侯好利，利兴民争，灾害并起，强弱相侵，躬耕者少，末作[5]者多，民如浮云，手足不安。《经》云："不贵难得之货，使民不为盗；不贵无用之物，使民心不乱。"各理其职，是以圣人之政治也。古者齐景公[6]之时，病民下奢侈，不遂礼制。周、秦之宜，去文就质，而劝民之有利也。夫作无用之器，聚无益之货，金银璧玉，珠玑翡翠，奇珍异宝，远方所出，此非庶人之所用也。锦绣纂组，绮罗绫縠，玄黄衣帛，此非庶人之所服也。雕、文、刻、镂，伎作之巧，难成之功，妨害农事，辎軿[7]出入，袍裘索襗[8]，此非庶人之所饰也；重门画兽，萧墙数仞，冢墓过度，竭财高尚，此非庶人之所居也。《经》云："庶人之所好者，唯躬耕勤苦，谨身节用，以养父母。"制之以财、用之以礼，丰年不奢，凶年不俭，素有蓄积，以储其后，此治人之道，不亦合于四时之气乎？

## 【注释】

〔1〕尧、舜：传说中父系氏族社会后期部落联盟的领袖。尧为陶唐氏，号放勋，史称唐尧；舜为有虞氏，姚姓，名重华，史称虞舜。唐尧和虞舜在位期间，政治昌明，国家安定，故而被后世作为圣明之君而推崇。

〔2〕桀、纣：即夏桀和商纣王。是历史上有名的暴君。

〔3〕皂：黑色。

〔4〕五霸：指春秋时诸侯中势力强大并称霸一时的人。其说法不一，最通行的说法是指齐桓公、晋文公、秦穆公、宋襄公、楚庄王。

〔5〕末作：指工商业。古时以农业为本，以工商为末。

〔6〕齐景公（约前550年—前490）：春秋时齐国国君，公元前547—前490年在位。

〔7〕辒辌：辒，有帷盖的车子；辌，古代妇女乘坐的带帐幕的车子。此处泛指豪华的车子。

〔8〕褋：褻衣。即贴身的衣裤。

## 【译文】

治人之道，就是用高尚的风俗、道德去教育和引导百姓，并教育人们应该怎样去做。所以《孝经》上说："向百姓显示出礼义道德，百姓就会按照礼义道德的要求去做，教会百姓识别好恶，百姓就知道什么事情不该去做。"因为太阳和月亮很光明，所以众人仰望，因为天和地广阔无边，所以万事万物都顺应它们以生存。因此唐尧、虞舜那样英明的君主，连边远的民族都来归顺纳贡，夏桀、商纣那样残暴的君主，华夏人民也都背叛他，这不是上天使人有这种变化，而是君主的教化不同所导致的结果。所以治理人民就如同培养禾苗，要先除去杂草。国家将要兴旺，人们则致力于国内的功业，国家将要衰败，人们都放弃本业，逃入山林川泽。英明的君主治理人民，一定知道人们所忧虑的是官府中的小官吏和地方的小臣。所以说，小官吏无所不能，从不知满足，若放任他们取食于民，而百姓缺吃少穿，就会发生动乱。只有奖励农业，不随意耽误农时，少收赋税，不对百姓搜刮殆尽，这样，国家富足，人民安定，不也是很好吗？凡拥有国家和家庭的人，不怕贫穷，只怕不安定。所以唐尧、虞舜治理国家，令人人都能得到利益，按照自然规律耕作劳动，共同播种，共同分享地利，预备灾荒之年。秋天收获时，有余粮来供给不够吃的人，天下之财为民共有。路不拾遗，百姓安居乐业。所以春秋五霸兴起的时候，衣食不充足的人可从生活富裕的人那里得到奉养。而现今诸侯贪财好利，贪财之心的产生引起百姓相互争斗，灾害随之而来，强大的人和弱小的人相互攻伐，从而造成从事农业耕种的人日渐减少，而从事种种末业的人增多，百姓流动，无处安身。《道德经》上说："不以难得到的财货为宝贵，百姓就不会去偷盗；不以不实用的物品为宝贵，百姓就不会心不安分。"人人都会在自己的岗位上尽职尽责，这样圣明之人治理国家的标准就达到了。过去齐景公理政之时，弊病在于百姓追求奢侈生活，不遵循礼制。周、秦政风良好，摒弃浮华，崇尚朴实，劝勉百姓从事有利的事业。如制作无用的器物，集聚无益的财货，诸如金银璧玉，珠玑翡翠，奇珍异宝和远方的珍品，都不是普通人用得着的。又如锦绣彩带，绫罗绸缎，各种色彩华丽的服饰，都不是普通人所宜穿着的。雕、文、刻、镂等技艺，以及非一朝一夕所能完成的工程，往往妨害农事。乘坐华丽的车子出入市井，穿昂贵的裘衣皮袍，这些都不是普通人所用的装饰。绘有兽面的大门，高大的围墙，超过限度的坟墓，这些竭尽财力去追求高贵时尚的东西，都不是一般人所居住的。《孝经》上说："平民百姓所爱好的，只有辛勤耕作，严格要求自己，节约财用，来奉养父母。"使用财力来制约他们，并使用礼义来使用他们，丰收之年不奢侈，灾荒之年不吝啬，平时注意积蓄以备来年之用。这是治理百姓的方法，不也合乎四季变化吗？

## 举措第七

【原文】

举措之政[1]，谓举直措诸枉[2]也。夫治国犹于治身；治身之道，务在养神；治国之道，务在举贤；是以养神求生，举贤求安。故国之有辅，如屋之有柱，柱不可细，辅不可弱，柱细则害，辅弱则倾。故治国之道，举直措诸枉，其国乃安。

夫柱以直木为坚，辅以直士为贤，直木出于幽林，直士出于众下。故人君选举，必求隐处，或有怀宝迷邦[3]，匹夫同位；或有高才卓绝，不见招求；或有忠贤孝弟[4]，乡里不举；或有隐居以求其志，行义以达其道；或有忠质于君，朋党相谗。尧举逸人[5]，汤招有莘[6]，周公采贱，皆得其人，以致太平。故人君县赏以待功，设位以待士，不旷庶官，辟四门[7]以兴治务，玄纁[8]以聘幽隐，天下归心，而不仁者远矣。

夫所用者非所养，所养者非所用，贫陋[9]为下，财色为上，谗邪得志，忠直远放，玄纁不行，焉得贤辅哉？若夫国危不治，民不安居，此失贤之过也。夫失贤而不危，得贤而不安，未之有也。为人择官者乱，为官择人者治。是以聘贤求士，犹嫁娶之道也，未有自嫁之女，出财为妇。故女慕财聘而达其贞[10]，士慕玄纁而达其名[11]，以礼聘士，而其国乃宁矣。

【注释】

〔1〕举措之政：举，擢用。措，废置。此句意为任免官员的政务。

〔2〕举直措诸枉：直，指品行端正的人。枉，指品行不端、心术不正的人。此句意为荐举正直、废置品行不端的人。

〔3〕怀宝迷邦：语出《论语·阳货》。意思是把自己的本领藏起来而听任国家的混乱。

〔4〕孝弟：传统道德之一，指孝顺父母，尊敬兄长。

〔5〕逸人：隐居闲逸的人。

〔6〕汤招有莘（shēn）：指商汤得到有莘氏贤人伊尹。有莘，

国名，故址在今河南开封市东，一说在今山东曹县境内。

〔7〕四门：四方之门。意为广开门路，延聘四方人士。

〔8〕玄纁（xūn）：玄指黑色。纁指浅红色。这里指黑色和浅红色的布帛，是古代君王招募贤人的礼品。

〔9〕贫陋：指地位卑微。

〔10〕达其贞：意为恪守自己的贞操。

〔11〕达其名：意为建立自己的功名。

## 〔译文〕

举措之政，就是选拔任用正直贤能的人，舍弃那些品行不端的人。治理国家就好比调理身体，调理身体的根本方法在于保养精神。治国之道关键在于选举贤才。所以，养神才能求得身体的健康，选举贤人才能保持国家的安定。因此，国家要有辅佐的大臣，就像屋子要有顶梁的柱子。柱子不能细，辅臣不能弱；柱子细了，就要危害屋子的坚固，辅臣弱了，国家就会倾覆灭亡。所以，治国的根本方法在于选拔任用贤能的人，舍弃那些品行不端的人，这样，国家就会安定。

柱子以挺直的木材为最坚固，辅臣以正直的人为贤能。而挺直的木材往往出于幽深的森林之中，正直贤能的人往往生活在黎民百姓中间。所以，国君选拔人才一定要到隐蔽的地方去找。有的贤才，身怀宝才却听任国家惑乱，结果和普通的人混在一起；有的贤才，才能远远超过一般人，却不被召见；有的贤才，忠贤孝悌，品德优良，乡里却不举荐；有的贤才，借隐居来追求自己崇高的理想，厉行大义来实践并完善自己的道德准则；有的贤才，对国君忠诚老实，却遭受朋党的诽谤和攻击。尧从隐士中推举了舜，汤从有莘氏招请得伊尹，周公选用地位低下的人，都是找到了自己要选用的人才，从而造就了太平盛世。所以国家要悬赏钱财来等待建立功业的人，设立官位来等待胜任职务的人。不荒废耽误有才能而出身卑下的贤士，使众官位各得其人。广开门路，礼贤四方宾朋，来办好治理国家的大事，用贵重的礼品来聘请四方隐居的贤士，这样，天下就万众归心，合力治国，那些不讲仁义的人就自然远离而去了。

　　如果要重用的人，并不是自己所培养的人，所培养的人并不被重用，把贫穷貌丑的人看成下等人，把有钱的长得漂亮的人看作上等人；让好进谗言的邪恶小人得志，把忠心正直的人远远地放置一边，不能用贵重的礼物征聘隐居的贤士，那又怎能得到贤能的人来辅佐国家呢？如果国家危难得不到整治，老百姓不能安居乐业，这就是丧失贤者的辅佐造成的过错啊！失去贤才的帮助，国家还不出现危难，得到贤才的帮助，国家仍然不安定，这是从来没有过的事情。因人而设官，即为了某人的私利而设置官职，这样，国家就一定会混乱；相反，根据官职的需要去选拔适合的人才，那么国家就能得到治理。所以，征聘贤才、寻求直士就像嫁女娶妻一样，从没有谁家的姑娘愿意自出财物而主动做他人媳妇的。所以，女子常常渴盼男方以贵重的财物来聘娶，从而表现自己的贞淑，士人渴盼以贵重的财物来招聘，从而显达自己的名望。由此看来，必须以礼来聘请贤士治理国家，这样，国家才能长治久安。

【原文】

考黜之政，谓迁善黜恶[1]。明主在上，心昭于天，察知善恶，广及四海，不敢遗小国之臣，下及庶人，进用贤良，退去贪懦，明良上下[2]，企及国理[3]，众贤雨集，此所以劝善黜恶，陈之休咎[4]。故考黜之政，务知人之所苦。其苦有五：

或有小吏因公为私，乘权作奸，左手执戈，右手治生，内侵于官，外采于民，此所苦一也。

或有过重罚轻，法令不均，无罪被辜，以致灭身，或有重罪得宽，扶强抑弱，加以严刑，枉责其情，此所苦二也。

或有纵罪恶之吏，害告诉之人，断绝语辞，蔽藏其情，掠劫亡命[5]，其枉不常[6]，此所苦三也。

或有长吏数易守宰[7]，兼佐为政，阿私所亲[8]，枉克所恨[9]，逼切为行，偏颇不承法制，更因赋敛，傍课采利[10]，送故待新，夤缘征发[11]，诈伪储备，以成家产，此所苦四也。

或有县官慕功，赏罚之际，利人之事，买卖之费，多所裁量，专其价数，民失其职[12]，此所苦五也。

凡此五事，民之五害，有如此者，不可不黜；无此五者，不可不迁。故《书》云："三载考绩，黜陟幽明〔13〕。"

【注释】

　　〔1〕迁善黜恶：迁，徙官，这里主要指提拔；善，指品德端正或成绩显著的官吏；黜，黜退，罢免；恶，行为不正的邪恶的官吏。

　　〔2〕明良上下：使上下各级官吏都成为清明的好官。明良，使动用法。

　　〔3〕企及国理：希望国家得到治理。

　　〔4〕陈之休咎：列述官吏的成绩和过错。

　　〔5〕掠劫亡命：劫掠抢夺之后，逃亡在外。

　　〔6〕其枉不常：其冤枉到了极点。

　　〔7〕长吏数易守宰：高级官僚频繁地调换地方官吏。长吏，泛指上级官吏。守宰，泛指地方官。

　　〔8〕阿私所亲：包庇亲信。阿私，偏袒。

　　〔9〕枉克所恨：冤枉、攻击所不满或嫉恨的人。

　　〔10〕傍课采利：傍课，依靠赋税；采利，摘取利益。

　　〔11〕夤缘征发：夤（yín）缘，攀附或凭借关系进行钻营；征，抽税，派遣。

　　〔12〕民失其职：百姓失去了正常负担。职，即职务，职位所规定的任务，这里指负担。

　　〔13〕黜陟幽明：一般语序应为"黜幽陟明"，即黜免徇私舞弊、不光明磊落的人，提升光明正大、成绩显著的人。陟（zhì），升，登；幽，暗。

诸葛亮兵法

考黜之政就是升迁贤良，罢黜邪恶，英明的君主在上，心中光明可鉴于天，明察善恶，遍及四海，不遗漏各小国的官吏及普通平民。推举和任用贤良，疏远和罢黜贪官和懦弱之人，上明下良，企望国家得到治理，人才济济，这么做是为了勉励善政，罢黜邪恶，向人们陈述美善和丑恶的区别。所以制定考核政绩，罢免官吏的政策，一定要了解人民的疾苦。这种疾苦有五个方面：

或者是有小官小吏假公济私，以权谋私，左手拿着武器，右手捞取钱财，对内侵害官产，对外搜刮民脂民膏，这是第一种疾苦。

或是罪孽深重而惩处轻微，法律条令不公正，无罪之人蒙受冤屈，以至于身死；有的犯有重罪却被宽恕，扶持强者，压制弱者，严刑逼供，屈打成招，不合真情，这是第二种疾苦。

有的纵容罪恶之人，陷害告状的人，不让人家申诉，隐藏真情，掠夺他人的财产，百姓的冤屈得不到伸张，这是第三种疾苦。

有的长官屡次更换地方官吏，使得副手得以当政，偏袒亲信，陷害打击所忌恨的人，威逼利诱，不按法制行事，更趁着收取赋税之机，巧立名目，从中渔利，借送旧迎新之际，巴结上级，胡乱征发劳役，以储备为名侵吞公共财产，这是第四种疾苦。

有的愚官为求功劳，以行赏罚的时候，凭人情世故获取利益，参与商业交易，利用职权垄断价格，从中渔利，百姓无法正常交易、生活，只得流离失所，这是第五种疾苦。

　　加在人民身上的五种祸害，有像这样的，不可不罢免其职，没有这五种弊病的，不能不升迁。所以，《尚书》中说："三年考核一次政绩，提拔清明之官，罢黜昏庸之吏。"

## 治军第九

【原文】

　　治军之政，谓治边境之事，匡救大乱之道，以威武为政，诛暴讨逆，所以存国家安社稷之计。是以有文事必有武备。故含血之蠹，必有爪牙之用，喜则共戏，怒则相害；人无爪牙，故设兵革之器，以自辅卫。故国以军为辅，君以臣为佐，辅强则国安，辅弱则国危，在于所任之将也。非民之将，非国之辅，非军之主。故治国以文为政，治军以武为计；治国不可以不从外，治军不可以不从内。内谓诸夏，外谓戎、狄。戎、狄之人，难以理化，易以威服，礼有所任，威有所施。是以黄帝战于涿鹿之野，唐尧战于丹浦之水，舜伐有苗[1]，禹讨有扈，自五帝三王至圣之主，德化如斯，尚加之以威武，故兵者凶器，不得已而用之。

　　夫用兵之道，先定其谋，然后乃施其事。

审天地之道，察众人之心，习兵革之器，明赏罚之理，观敌众之谋，视道路之险，别安危之处，占主客之情，知进退之宜，顺机会之时，设守御之备，强征伐之势，扬士卒之能，图成败之计，虑生死之事，然后乃可出军任将，张禽敌之势，此为军之大略也。夫将者，人之司命，国之利器，先定其计，然后乃行。其令若漂水暴流，其获若鹰隼<sup>[2]</sup>之击物，静若弓弩之张，动如机关之发，所向者破，而勍敌自灭。将无思虑，士无气势，不齐其心，而专其谋，虽有百万之众，而敌不惧矣。非雠不怨，非敌不战。工非鲁般之目，无以见其工巧；战非孙武之谋，无以出其计运。夫计谋欲密，攻敌欲疾，获若鹰击，战如河决，则兵未劳而敌自散，此用兵之势也。故善战者不怒，善胜者不惧。是以智者先胜而后求战，暗者先战而后求胜；胜者随道而修途，败者斜行而失路；此顺逆之计也。将服其威，士专其力，势不虚动，运如圆石，从高坠下，所向者碎，不可救止，是以无敌于前，无敌于后，此用兵之势也。故军以奇计为谋，以绝智为主，能柔能刚，能弱能强，能存能亡，疾如风雨，舒如江海，不动如泰山，难测如阴阳，无穷如地，充实如天，不竭如江河，终始如三光<sup>[3]</sup>，生死如四时，衰旺如五行，奇正相生，而不可穷。故军以粮食为本，兵以奇正为始，器械为用，委积为备。故国困于贵买，贫于远输，攻不可再，战不可三，量力而用，用多则费。罢去无益，则国可宁也；罢去无能，则国可利也。夫善攻者敌不知其所守；善守者敌不知其所攻。故善攻者不以兵革，善守者不以城郭。是以高城深池，不足以为固，坚甲锐兵，不足以为强。敌欲固守，攻其无备；敌欲兴阵，出其不意；我往敌来，谨设所居；我起敌止，攻其左右；量其合敌，先击其实。不知守地，不知战日，可备者众，则专备者寡。以虑相备，强弱相攻，勇怯相助，前后相赴，左右相趋，如常山之蛇，首尾俱到，此救兵之道也。故胜者全威，谋之于身，知地形势，不可豫言。议之知其得失，诈之知其安危，计之知其多寡，形之知其生死，虑之知其苦乐，谋之知其善备。故兵从生击死，避实击虚，山陵之战，不仰其高，水上之战，不逆其流，草上之战，不涉其深，平地之战，不逆其虚，道上之战，不逆其孤；此五者，兵之利，地之所助也。夫军成于用势，败于谋漏，饥于远输，渴于躬井，劳于烦扰，佚于安静，疑于不战，惑于见利，退于刑罚，进于赏赐，弱于见逼，强于用势，困于见围，惧于先至，惊于夜呼，乱于暗昧，迷于失道，穷于绝地，失于暴卒，得于豫计。故立旌旗以视其目，击金鼓以鸣其耳，设斧钺以齐其心，陈教令以同其道，兴赏赐以劝其功，行诛伐以防其伪。昼战不相闻，旌旗为之举，夜战不相见，火鼓为之起，教令有不从，斧钺为之使。不知九地之便，则不知九变之道。天之阴阳，地之形名，人之腹心，知此三者，获处其功。知其士乃知其敌，不知其士，则不知其敌。不知其敌，每战必殆。故军之所击，必先知其左右士卒之心。五间之道，军之所亲，将之所厚，非圣智不能用，非仁贤不能使。五间得其情，则民可用，国可长保。故兵求生则备，不得已则斗，静以理安，动以理威，无恃敌之不至，恃吾之不可击。以近待远，以逸待劳，以饱待饥，以实待虚，以生待死，以众待寡，以旺待衰，以伏待来。整整之旌，堂堂之鼓，当顺其前，而覆其后，固其险阻，而营其表，委之以利，柔之以害，此治军之道全矣。

**【注释】**

〔1〕有苗：三苗，古族名。唐尧时在江淮、荆州一带的少数民族。

〔2〕隼（sǔn）：鸟纲，隼科各种类的通称，在我国有燕隼、游隼、红脚隼等。

〔3〕三光：指日、月、星。《白虎通·封公侯》："天有三光，日、月、星。"

诸葛亮兵法

　　治军之政就是指治理国家边境上的事情，是匡正挽救非常混乱的局面的方法宗旨，它以雄威武力为原则，是铲平暴乱，讨伐叛逆，保卫国家安定社会的大计。所以，治理国家既要有文治，也要有军事防备，像蠹虫那样，必须有爪牙作为自己的工具，高兴时相互游戏，愤怒时相互残害；人类因为没有那样的爪牙，因此制造了兵器铠甲用以保卫自己。所以，国家要靠军队自卫，君主要用大臣作为自己的助手，辅助得好，国家就安全，辅助得不好，国家就危险，辅助得如何，关键在于所任用的将帅。不是为民众拥戴的将帅不能成为国家的坚强辅佐，也不能做军队真正的主帅。所以，治理国家靠政治，治理军队以善于打仗为根本；治理国家不能不考虑外部情况，治理军队不能不考虑内部的情况。所说的内是指华夏，所说的外是指戎、狄等少数民族。戎、狄这些少数民族难于教育说服，易于用武力征服，有的可以礼相待，有的可用武力迫其屈服。正因此，黄帝与蚩尤战于涿鹿（今属河北）附近的原野，唐尧战于丹水的水滨，舜讨伐有苗氏，禹讨伐有扈氏。从五帝三王开始，这些如此有德行和教化最圣明的君主，还使用武力，这是因为军队是凶器，在万不得已的情况下就使用它。

　　用兵打仗的方法是先制订战胜敌人的计谋，然后才实施具体步骤。详细了解天时、地利的条件，仔细观察百姓、士兵的心理状态，加强部队的武器装备训练，明确颁布赏罚的规定，侦察敌人的作战计划，勘察道路的险易程度，辨别安全和危险的地方，预测敌我双方的主客观情况，掌握进攻退守的时机，掌握并顺应进攻的时机，做好防守和抵御敌军进攻的准备，造成进攻的有利态势，充分发挥士卒的能力，深思成功和失败时的对策，认真考虑有关军队生死存亡的大事，然后才能委任将帅出兵打仗，摆开擒获敌人的阵势，这些都是用兵打仗的重大谋略。领兵打仗的将领掌握着人的命运，是国家锐利的武器，应该先制订作战计划，然后才能行动。他的军队服从命令时，行动就像强大迅猛、能把大石头漂起来的洪水一样，要擒获敌人时就像鹰隼之类扑击别的鸟类那样迅速，准备进攻时沉着得像张开的弩一样，进攻时像利用机械力量发射的武器那样，所向披靡，即使很强大的敌人也会被消灭。相反，如果将帅没有深思熟虑的谋划，部队没有战胜敌人的气势，上下不能齐心协力，而将帅又独断专行，不与人商议，就是拥有百万之众，敌人也不会畏惧的。不是真正的仇敌就不怨恨；不是真正的敌军就不打他。工匠无鲁班的观察能力，就看不到技艺的巧妙；打仗没有孙武的谋略，就做不出运用灵活的作战计划。计谋要保密，攻敌要迅速，捕获目标时像雄鹰袭击其他鸟类那样使其来不及防御，作战时我军的气势像决开河堤的水那样使敌军无法阻挡，那么，我们的部队还未疲劳而敌人已溃散失败，这就是用兵的威势。所以，善于打仗的将帅不轻易发怒，善于打仗的将领无所畏惧。因此，明智的将帅首先胜券在握，然后再与敌军作战，愚昧不明的将领是先同敌人交战，而后寻求胜利的方法；胜利者是遵循正道而进展顺利，失败者是运用邪道而迷失方向，这就是顺和逆的道理。军官服他的威信，士兵专心地为他效力，造成势不虚动的态势，行动时像从陡坡峭壁上滚下的圆石，从高处坠下迅猛不可挡，被碰者都被击碎，无法挽救和阻止。迎面与敌交战或从背后袭击敌人都纵横无敌，这就是用兵的声势。所以，打仗要善于出奇制胜，以用非凡的智慧进行筹划为根本，能柔能刚，能弱能强，能存能亡，迅速时像暴风骤雨，舒展时像咆哮奔腾的江海，稳固时如泰山那样岿然不动，变化时如阴阳一样难以预测，像地那样无穷无尽，像天那样充盈无际，像江河奔流那样取之不竭，像日、月、星辰一样光耀始终，生死之势像一年四季那样过去了又回来，兴衰之理像金、木、水、火、土一样相生相克，奇、正既各自独立又互相转化，永远不会穷尽。军队要以粮食为根本，用兵以奇正为原则，以各种军事器械为用，以各类作战物资委积为备。国家因为物价上涨而困顿，军队远途运输会引起百姓贫困，进攻敌人时不可两次征发兵役，和敌人作战时不可三次运粮，要根据国家的实力而计划使用资财，用得过多就会造成国家财富的靡费。不去打那些无益的战争，这样国家才会安宁。不去打那些没有能力去打的战争，这样对国家才是有利的。善于进攻的人，使敌人不知从何处防守，善于防守的人，使敌人不知如何进攻，所以，善于进攻的人，不依仗装备、军队使敌人降服；善于防守的人，不依托城郭之固使敌人无法攻克。因此高城深池，不足以为固，坚甲锐兵也不足以逞强。敌人打算固守就攻其不备；敌人要兴兵摆阵，就出其不意地对其攻击；我军和敌人对阵时，要严密防守营寨、防敌突袭；敌人按兵不动时，我军就攻击其左右两翼；判断出敌人要集中兵力时，首先要攻击其主力。不知道应该防守什么地方，不知道作战的日期，需要准备的就多了，而有目的的防备，则需要准备的就相对少了。应该深思熟虑相互防备，强与弱交互进攻，勇敢和胆怯交互协助，前后要相互照应，左右相互救助，就像常山的蛇一样，打它的中段，它的头尾都来救应，这是救兵的方法。善于取胜的将帅，始终保持着威严，胸有韬略，知道地形并掌握、利用地形的奥妙，这些都不预先告诉别人。反复讨论可以知道有利的条件和不利的因素，欺骗敌人的行动可以判断其安危的地方，筹算可以知道敌人兵力的多或少，我方"示形"之后，根据敌人的反应可以了解到敌人所据地形是生地或死地，侦察敌人可以知道其士气，想办法可以了解敌人的防备完善或不完善。所以，用兵打仗要利用有利的地形避开不利的地形，避开敌军实力而攻击其薄弱的地方。在高山丘陵与敌人交战，不要去仰攻敌人；在水上与敌军交战，不要逆着水流；在草木地带与敌交战，不能深入；在开阔平坦之处与敌交战，要攻击其空虚的地方；在山道上与敌交战，不放过其孤军突进的部分。这五个方面是借助有利的地形而用兵。军队作战成功主要在于掌握全局的"势"，失败在于作战计划的泄露，士兵由于远途运输而饥饿，因寻不到水源自行打井取水而受渴，过分地烦扰就会操劳，安静是逸的表现，进兵不战易使士兵怀疑，贪图小利容易造成混乱，对擅自后退的人要处予刑罚，奋勇作战的人要给予奖赏，对懦弱的人要施加压力，对刚强的人要因势利导，被包围了就会处于困难境地，先到达作战地区可以使对方恐惧，夜间呼喊是恐慌的表现，率兵的将领无能，部队就会混乱，迷失道路就会不知方向，陷于绝地就会没有出路，对待士卒暴戾就失去了威信，凡事预做周密的筹划就能达到预期的目的。所以，立旌旗的目的是为了让大家看得到，击金鼓的目的是为了使部队听到号令，设置斧钺是为了使部队同心协力，宣布军令是为了统一士卒的行动，进行赏赐是为了激励士卒杀敌立功，实行诛罚是为了防备那些奸诈之人不听命令。白天打仗，军队往往不能相互照应、配合，就举起旌旗使部队看到行动的信号，夜间打仗用旌旗指挥看不见，就用火光和鼓声作为指挥打仗的号令，如果遇到不服从军令者，用斧钺去执行军纪。不精通各种地形的灵活运用，就是不懂得利用各种地形的奥妙。天的阴阳条件，地的形势情况，人的思想，了解并掌握这三者的，就能得到其助益。了解了敌人的情况，才能够知道如何战胜敌人，不了解敌军将士的情况，就不知如何战胜敌人，不知道如何战胜敌人，打仗每战必然失败，所以打仗取胜的关键，必须首先了解掌握敌人将士的思想情况。五间的方法，是军队将领最爱使用的是军队所亲近的计谋，不是有圣明才智的人不能用间，不是"仁义""贤良"的人不能使间。我方的五间之法掌握了敌方的情报，那么百姓就可以利用，国家就可以保障长久安全。士兵为了生存就会精心准备，迫不得已就会拼死搏斗，部队驻扎时要考虑到安全，部队行动时要有雄壮的军威，不要恃恃敌人不会来，而要恃恃我方军备充实，坚不可摧。利用接近战地的部队，待机进攻远道而来的敌军；利用得到休息的部队，待机进攻奔走疲惫的敌军；利用已饱食的部队，待机进攻饥饿的敌军；用自己军队的实力，待机攻击敌军虚弱的地方；利用我军处于有利地形的优势，待机进攻处于不利地势的敌军；以我军的绝对优势兵力，待机进攻敌人的劣势兵力；以我军旺盛的锐气，待机进攻士气懈怠、疲乏的敌军；用我军的埋伏，待机伏击前来的敌军。整齐的旌旗，响亮的鼓声，应当前后照应（互为一致），固守险阻，扎好营寨。用利益向其诉说款曲，用危害来使其慑服。这样，治军的方法和策略就完备了。

## 赏罚第十

　　赏罚之政，谓赏善罚恶也。赏以兴功，罚以禁奸，赏不可不平，罚不可不均。赏赐知其所施，则勇士知其所死；刑罚知其所加，则邪恶知其所畏。故赏不可虚施，罚不可妄加。赏虚施则劳臣怨，罚妄加则直士恨。是以羊羹有不均之害[1]，楚王有信谗之败[2]。夫将专持生杀之威，必生可杀，必杀可生；忿怒不详；赏罚不明；教令不常；以私为公。此国之五危也。赏罚不明，教令有不从；必杀可生，众奸不禁；必生可杀，士卒散亡；忿怒不详，威武不行；赏罚不明，下不劝功；政教不当，法令不从；以私为公，人有二心。故众奸不禁，则不可久；

士卒散亡，其众必寡；威武不行，见敌不起；下不劝功，上无强辅；法令不从，事乱不理；人有二心，其国危殆。故防奸以政，救奢以俭，忠直可使理狱，廉平可使赏罚。赏罚不曲，则人死服。路有饥人，厩有肥马，可谓亡人而自存，薄人而自厚。故人君先募而后赏，先令而后诛，则人亲附，畏而爱之，不令而行。赏罚不正，则忠臣死于非罪，而邪臣起于非功。赏赐不避怨雠，则齐桓得管仲之力[3]；诛罚不避亲戚，则周公有杀弟之名[4]。《书》云："无偏无党，王道荡荡；无党无偏，王道平平。"此之谓也。

**【注释】**

〔1〕羊羹有不均之害："羊羹一杯以失国"，语出《战国策》。战国时中山君设宴款待臣下，在分食美味的羊羹时，漏分了一个叫司马子期的人，他因此而怀恨在心。后来他逃到楚国，受到楚国国君的重用，楚国国君利用他带兵去攻灭了他的祖国。那位亡国之君逃亡到国外后叹息说："没想到因漏分了一杯羊羹竟使我丢掉了我的国家！"

〔2〕楚王有信谗之败：楚王，指西楚霸王项羽（前232—前202）。公元前206年，汉王刘邦与项羽之间为争夺天下爆发了楚汉战争，战争之初，项羽在各方面都占据优势，但他有勇无谋、刚愎自用，致使形势逐渐向有利于刘邦的方向发展。公元前202年，项羽中了刘邦的反间计，听信谗言罢退了手下唯一忠诚得力的谋士范增，同年，他被刘邦围困垓下（今安徽灵璧南），最后，他突围到乌江（今安徽和县东北）刎颈自杀。

〔3〕赏赐不避怨雠，则齐桓得管仲之力：齐桓即齐桓公（？—前643）春秋时齐国国君，齐僖公之子，姜姓名小白，公元前685—前643在位。齐襄公被杀后，他与兄弟公子纠争位。当时鲍叔牙帮助齐桓公，管仲帮助公子纠，后公子纠失败，管仲被俘，在鲍叔牙的举荐下，齐桓公不计前嫌，任用管仲为相，实施政治改革，齐国国力迅速强盛称霸诸侯各国，齐桓公也成了春秋时期的第一位霸主。

〔4〕诛罚不避亲戚，则周公有杀弟之名：西周初年，武王死，其子成王年幼，周公旦摄政。周公的弟弟管叔、蔡叔、霍叔等制造谣言，说周公将不利于成王，并与武庚勾结，串通东方的徐、奄、淮等十七国叛乱。周公出兵东征，历时三年而平定叛乱，诛杀了管叔和武庚，并将蔡叔、霍叔流放。

【译文】

赏罚之政就是指赏善罚恶。赏赐是为建功立业，惩罚是为禁止奸佞。赏赐不可不公允，惩罚不可不均等。如果士卒明白赏赐的目的，那么勇士就知道该为什么去死。如果士卒懂得刑罚为什么施加，那么邪恶之徒也就知道什么是畏惧。因此，赏不可没有目的，罚不能随心所欲。赏赐没有目的，有功劳的大臣就会产生怨气；惩罚随意乱加，忠诚正直之士就会愤懑。战国时一个国家的国君因漏分一杯羊羹而丢掉了国家；楚霸王只因相信谗言，后来便有灭亡之祸。将帅当靠发令建立权威，而不能专靠生杀之权。若独断专行，就会导致该杀的不杀，不当杀的随意乱杀。如果将帅喜怒无常，赏罚不明，教令经常变更，以私为公，就会演变为国家的种种危害。赏赐与刑罚不公允，即使有军律法令也无人听从。该杀戮的却安然无恙，奸佞诈伪之徒就难以禁止。不犯死罪的人而横遭杀戮，人心不服就必然会散亡。喜怒无常，威武自然不行。赏罚不明，大家就无心建功立业。政教不当，即使有令也不会被听从。如果将帅假公肥私，士兵们就会生二心。故众奸不禁，国家就不会长久；士卒散亡，其队伍势必会愈来愈弱小；威武无法实行，看见敌人也不会奋起向前。下属无意建功立业，将帅就没有强力的辅官，上无强辅。如果法令无人听从，事情混乱无法料理，大家又怀有二心，那么这个国家也就危险了。所以以政治清明防止奸佞，以廉俭奉公救治奢靡之风。忠诚耿直之士可以使他治理刑狱，廉俭公平之人可以使他主持赏赐刑罚。赏罚不枉曲，士卒即使被处死也无怨。如果路有饿殍，厩有肥马，这就叫让人死而使自己活，让人瘦而使自己肥。所以圣明的君主总是先募而后赏，先令而后诛，这样人们就会心悦诚服地归附，敬畏而拥戴他，即使没有命令也会勇往直前。赏罚不公，忠臣没罪反而会遭受迫害致死，奸臣扶摇直上而不是因为有功。因赏赐不避亲疏仇怨，齐桓公就得到了管仲的辅佐之力而为春秋首霸。诛罚时不避讳子女亲戚，周公即使有杀弟之名，也是正义之举。所以《尚书》上说："无偏无党，王道荡荡；无党无偏，王道平平。"大概就是指这些。

## 喜怒第十一

【原文】

　　喜怒之政，谓喜不应喜无喜之事，怒不应

怒无怒之物，喜怒之间，必明其类[1]。怒不犯无罪之人，喜不从可戮之士，喜怒之际，不可不详。喜不可纵有罪，怒不可戮无辜，喜怒之事，不可妄行[2]。

行其私而废其功，将不可发私怒，而兴战[3]必用众心，苟[4]合以私忿而合战，则用众必败。怒不可以复悦，喜不可以复怒，故以文为先，以武为后，先胜则必后负，先怒则必后悔，一朝之忿，而亡其身。故君子威而不猛[5]，忿而不怒[6]，忧而不惧[7]，悦而不喜[8]。可忿之事，然后加之威武，威武加则刑罚施，刑罚施则众奸塞[9]。不加威武，则刑罚不中[10]，刑罚不中，则众恶不理，其国亡。

**【注释】**

〔1〕必明其类：一定要明确它的界限。

〔2〕妄行：随意轻率地行动。

〔3〕兴战：发动战争。

〔4〕苟：假使，如果。

〔5〕威而不猛：威武却不粗野。

〔6〕忿而不怒：气愤却不暴怒。

〔7〕忧而不惧：忧虑却不害怕。

〔8〕悦而不喜：高兴却不得意忘形。

〔9〕塞：收敛，杜绝。

〔10〕中：适度。

诸葛亮兵法

　　把握"喜"和"怒"这两种情绪的为政之道就是，高兴时不应为那些不值得高兴的事而高兴，恼怒时不应为那些不值得恼怒的事而恼怒，一喜一怒之间一定要明其所属，分清对象。恼怒的时候不迁怒于无罪行的人，高兴的时候不纵容有罪当诛的人。"喜"与"怒"这两种情绪不可以妄行。

　　如果为将妄行私情那么就会使功业废败。将帅不能以自己的私愤而发动战争，一定要借助众人一致的心力，假如为了自己的私愤而去发动战争，那么他的军队必然失败。对人对事正表示愤怒时不可以突然又转为高兴；正表示高兴时不可以突然又转为愤怒，所以应以文治为先，以武功为后；若以武功为先，即使先胜了最终也将归于失败，首先发怒的人最终必然后悔。人们往往因为一时的愤怒，失去理智而自取灭亡。因此，真正称得上是君子的人威严而不凶猛，内心愤怒却不形于言表，心中忧虑却不恐惧，内心高兴却不喜形于色。可气的事情发生后，要用权威手段来处理，示以威严。只有示以威严，刑罚制度才能得以实施，刑罚制度得以实施，各种奸邪丑恶之事就能得到禁绝。若不运用权威，那刑罚就不能正确地施行，产生不了作用；刑罚施行不当，那么众多奸恶就得不到惩治，国家就必然会灭亡。

# 治乱第十二

【原文】

　　治乱之政，谓省官并职，去文就质也。夫绵绵不绝，必有乱结；纤纤不伐[1]，必成妖孽。夫三纲不正，六纪[2]不理，则大乱生矣。故治国者，圆不失规，方不失矩，本不失末，为政不失其道，万事可成，其功可保。夫三军之乱，纷纷扰扰，各惟[3]其理。明君治其纲纪，政治当有先后，先理纲，后理纪；先理令，后理罚；先理近，后理远；先理内，后理外；先理本，后理末；先理强，后理弱；先理大，后理小；先理身[4]，后理人。是以理纲则纪张，理令则罚行，理近则远安，理内则外端，理本则末通，理强则弱伸，理大则小行，理上则下正，理身则人敬，此乃治国之道也。

【注释】

　　〔1〕纤纤不伐：纤纤，微小的祸端。《荀子·大略》："祸之所由生也，生自纤纤也。"伐，砍伐，除去。

　　〔2〕六纪：指诸父、兄弟、族人、诸舅、师长、朋友。是儒家确定上下尊卑伦理关系的教条。

　　〔3〕惟：因为。

　　〔4〕身：自身。

治理紊乱的政务就是指裁减官员，合并机构，剔除那些不切实际的东西，保留有用的官职和机构。如果容许冗官冗政连绵不断，就会产生政务上的紊乱。这种紊乱如在初始阶段不治理，其结果必然会导致政务混乱。三纲不端正，六纪不治理，那么国家大乱也就随之产生了。所以，治理国家就像木工一样，画圆形不能没有圆规，画方形不能没有方矩，治政如不失其方法途径，万事可成，国家也就会长治久安。三军所生的动乱，纷纷扰扰，各有各的道理。圣明的君主治理纲纪，当有先有后，先理纲本，后理纪目；先理教令，后理刑罚；先理近，后理远；先理内，后理外；先理本，后理末；先理强，后理弱；先理大，后理小；先理己身，后理他人。所以治理纲本，纪目就能舒张；整理教令，刑罚就能实施；治理腹地，边远就会安定；治理内部，外界就会端正；理顺根本，末业就会通畅；整治豪强，弱小就能伸张；整理大的方面，小的方面就能实行；上端自然下正；身恭自然人敬，这就是治理国家的基本原则。

## 教令第十三

教令之政，谓上为下教也。非法不言，非道不行，上之所为，人之所瞻也。夫释己教人，是谓逆政；正己教人，是谓顺政。故人君先正

诸葛亮兵法

其身，然后乃行其令，身不正则令不从，令不从则生变乱。故为君之道，以教令为先，诛罚为后，不教而战，是谓弃之。先习士卒用兵之道，其法有五：

一曰使目习其旌旗指麾之变，纵横之术；二曰使耳习闻金鼓之声，动静行止；三曰使心习刑罚之严，爵赏之利；四曰使手习五兵之便，斗战之备；五曰使足习周旋走趋之列，进退之宜，故号为五教。

教令军陈，各有其道。左教青龙，右教白虎，前教朱雀，后教玄武，中央轩辕，大将军之所处，左矛右戟，前盾后弩，中央旗鼓。旗动俱起，闻鼓则进，闻金则止，随其指挥，五陈乃理。

正陈之法，旗鼓为之主：一鼓，举其青旗，则为直陈；二鼓，举其赤旗，则为锐陈；三鼓，举其黄旗，则为方陈；四鼓，举其白旗，则为圆陈；五鼓，举其黑旗，则为曲陈。直陈者，木陈也；锐陈者，火陈也；方陈者，土陈也；圆陈者，金陈也；曲陈者，水陈也。此五行之陈，辗转相生，冲对相胜，相生为救，相胜为战，相生为助，相胜为敌。

凡结五陈之法，五五相保，五人为一长，五长为一师，五师为一枝，五枝为一火，五火为一撞，五撞为一军，则军士具矣。夫兵利之所便，务知节度。短者持矛戟，长者持弓弩，壮者持旌旗，勇者持金鼓，弱者给粮牧，智者为谋主。乡里相比，五五相保，一鼓整行，二鼓习陈，三鼓起食，四鼓严办，五鼓就行。闻鼓听金，然后举旗，出兵以次第，一鸣鼓三通，旌旗发扬，举兵先攻者赏，却退者斩，此教令也。

【译文】

教令之政就是指上边的所作所为，是对下级最具体的教育。所以，对上级领导来说，不合法令的话不说，不合道义的事情不做。国君和将领首先应端正自身，然后才可发布政令。放任自己不管，专门教训别人，是违背情理的政治。而先端正自己的言行，然后再教育别人，才是顺情合理的政治。所以，国君要先端正自身，然后再发布命令。自身不端正，即使发布了命令，人们也不会服从；命令得不到服从，就会发生叛乱。所以做国君的一条重要原则，就是先发布命令，对群众进行教育，然后对不服从命令的进行惩罚。如果对百姓不进行教育和训练，就驱使他们上战场作战，这等于把老百姓抛弃到死地。所以，要首先对战士进行布阵作战的基本训练。基本训练的内容有五种：

一是使士兵用眼睛熟习旌旗指挥的变化，纵队和横队交互变化的战术；二是使士兵的耳朵习惯于金钲和战鼓的声音，在金鼓指挥下或者动，或者静，或者行进，或者停止；三是使士兵思想上习惯于刑罚的严厉，赏赐的好处；四是使士兵的双手熟练掌握五种兵器的应用，以及战前的各种准备；五是使士兵腿脚习惯于转向、跑步，适应各种队形的操练以及前进后退的变化。以上这些称为"五教"。

其次，军队布阵有许多不同的方式方法：左边叫青龙阵，右边叫白虎阵，前边叫朱雀阵，后边叫玄武阵，中间叫轩辕阵，是大将军居处的地方。左边士兵使用矛，右边士兵使用戟，前边士兵使用盾，后边士兵使用弓，中央战士执掌旗鼓。大旗一挥动，参战的士兵都要行动，听到鼓声要进攻，听到金钲的声音要停止进攻，随着主将的指挥训练，五种阵法就可以逐步地掌握了。

这五种布阵方法中，旗鼓起着主导作用。第一次击鼓，举起青龙旗，演变为直阵；第二次击鼓，举起赤旗，演变为锐阵；第三次击鼓，举起黄旗，演变为方阵；第四次击鼓，举起白旗，演变为圆阵；第五次击鼓，举起黑旗，演变为曲阵。直阵就是木阵，锐阵就是火阵，方阵就是土阵，圆阵就是金阵，曲阵就是水阵。这就是"五行阵法"。这五种阵法，辗转变化，相生相发，冲突对抗，相斗相胜。相生相发是为了互相帮助、互相救援，相斗相胜是为了战胜敌人。

凡结成五阵之法的士兵，"五五互相连保"，具体来说，就是五人结成一长，五长结成一师，五师结成一枝，五枝结成一火，五火结成一撞，五撞结成一军，一个军的官兵就齐备了。军队的一切行动都要讲究方便和有利，都要懂得节制和调度。身材矮小的拿矛和戟，身材高大的拉弓射箭，健壮的挥动旌旗，勇敢的击鼓鸣金，身体较弱的供给粮草、喂养牲畜，聪明智慧的帮助谋划策略。这样，乡里相连，五五相保，第一次击鼓，整顿行装，第二次击鼓，练习行阵，第三次击鼓，开始用饭，第四次击鼓，做好行军前的戒严和其他准备工作，第五次击鼓，就开始出发，听到击鼓和击钲的声音，然后举起旗帜，按照次序出发。如果再听到击鼓三遍，看到军旗挥动，先发兵进攻的就要受赏，畏惧后退的就要处以斩刑。这就是教令的全部内容。

## 斩断第十四

**【原文】**

斩断之政[1]，谓不从教令之法也。其法有七：一曰轻，二曰慢，三曰盗，四曰欺，五曰背，六曰乱，七曰误，此治军之禁也。当断不断，必受其乱。故设斧钺之威，以待不从令者诛之。军法异等，过轻罚重，令不可犯，犯令者斩。

期会[2]不到，闻鼓不行，乘宽自留[3]，避回自止，初近后远，唤名不应，车甲不具，兵器不备，此为轻军[4]，轻军者斩。受令不传，传令不审，迷惑吏士，金鼓不闻，旌旗不睹；此谓慢军[5]，慢军者斩。食不禀[6]粮，军不省兵，赋赐不均，阿私所亲，取非其物，借贷不还，夺人头首，以获其功；此谓盗军[7]，盗军者斩。变改姓名，衣服不鲜，旌旗裂坏，金鼓不具，兵刃不磨，器仗不坚，矢不著弱，弓弩无弦，法令不行；此为欺军[8]，欺军者斩。闻鼓不进，闻金不止，按旗不伏，举旗不起，指挥不随，避前向后，纵发乱行，折其弓弩之势，却退不斗，宜左或右，扶伤举死，自托而归；此谓背军[9]，背军者斩。出军行将，士卒争先，纷纷扰扰，车骑相连，咽塞[10]路道，后不得先，呼唤喧哗，无所听闻，失乱行次，兵刃中伤，长短不理，上下纵横；此谓乱军[11]，乱军者斩。屯营所止，问其乡里，亲近相随，共食相保，不得越次，强入他伍，干误[12]次第，不可呵止，度营出入，不由门户，不自启白，奸邪所起，知者不告，罪同一等，合人饮酒，阿私取受，大言警语，疑惑吏士；此谓误军，误军者斩。

斩断之后，此万事乃理也。

【注释】

〔1〕斩断之政：即果断地处置违法的政务。

〔2〕期会：约定的时间内相会。

〔3〕乘宽自留：借着空隙擅自停留。

〔4〕轻军：即藐视军法。

〔5〕慢军：即怠慢延误军令。

〔6〕禀（bǐng）：发放粮米。

〔7〕盗军：偷盗军用物资。

〔8〕欺军：意为隐瞒欺骗上级。

〔9〕背军：即对抗军令。

诸葛亮兵法

一〇三

〔10〕咽塞：堵塞。

〔11〕乱军：扰乱军列。

〔12〕干误：即干扰。

【译文】

　　果断地处置违法的政务，就是对不服从军令者施行制裁以严明军纪的方法。不服从军队教令的表现有以下七种：一叫轻军，二叫慢军，三叫盗军，四叫欺军，五叫背军，六叫乱军，七叫误军。这些都是在军队治理中要严格禁止的。在禁止的过程中，应当严查明断，当决断而不决断，一定会给军队造成祸害。所以设置斧钺等刑具，就是要惩治和诛杀那些破坏军纪的人。军法的惩罚和罪行往往不对等，罪过很轻的却惩罚得非常重，因为法令是不可侵犯的，谁违犯法令，就要斩首。

　　如果约定时间相会而不能如期到达；听到战鼓声而迟迟不行动；趁着人员编制有余额而自动留守；设法逃避任务，停止不前；初战接近敌人，越战相距敌人越远；呼唤姓名而不答应；战车盔甲不完整，兵器不齐备，这叫"轻军"，轻军的要斩首。接受命令不及时传达，或传达命令不详细，致使军士迷惑；鸣金击鼓，充耳不闻；旌旗指挥，视而不见，这叫"慢军"，慢军的要斩首。军队粮食供给不足；军官不关心士兵；摊派和赏赐不能一律平等，只偏袒自己的亲信；巧立名目，虚报冒领；借物贷款，不及时归还；夺人所斩的首级，获取功名，这叫"盗军"，盗军的要斩首。改名换姓；衣服不整洁；旌旗撕裂毁坏；金鼓不完整；兵器不磨砺；武器不结实；箭杆上没有羽毛；弓弩上

一〇四

没有弦；法令不执行，这叫"欺军"，欺军的要斩首。听到击鼓不前进；听到鸣金不止步；看到旌旗向下不及时卧倒；看到旌旗高举不奋起；指挥不灵，逃避前进，争相退却；放纵乱跑，破坏行列；折断弓箭，企图退出战斗；应该向左的却向右走；借故救护死伤人员，逃回营地，这叫"背军"，背军的要斩首。军队出发以后，有的抢先行走，搞得队伍纷乱扰攘；车马相连，堵塞道路；后边的军队不能前进；呼叫喧哗、嘈杂之声不绝，命令一点也听不到；队伍失去了行列次序，一片混乱，以至于互相伤人；长短兵器上下纵横，毫无条理，这叫"乱军"，乱军的要斩首。安营扎寨以后，打听战士中的老乡，和同乡过分亲近，形影不离，甚至共进饮食；有的超越编次，强行进入其他队伍，干扰其他队伍的秩序，别人无法呵止；还有出入军营，不走门户，又不主动报告；遇到坏人坏事，也不揭发通报，罪同一等；再如，纠合人们在一起酗酒；或者私自接受别人馈赠，大量传播谣言，惑乱官兵，这叫"误军"，误军的要斩首。

果断地杜绝以上违背军纪的人，惩前毖后，这样，军中所有的事情就都可以得到治理了。

## 思虑第十五

【原文】

思虑之政，谓思近虑远也。夫人无远虑，必有近忧，故君子思不出其位。思者，正谋也[1]；

虑者，思事之计也。非其位不谋其政，非其事不虑其计。大事起于难，小事起于易。故欲思其利，必虑其害，欲思其成，必虑其败。是以九重之台，虽高必坏。故仰高者不可忽其下；瞻前者不可忽其后。是以秦穆公伐郑，二子知其害[2]；吴王受越女，子胥知其败[3]；虞受晋璧马，宫之奇知其害[4]；宋襄公练兵车，目夷知其负[5]。凡此之智，思虑之至，可谓明矣。夫随覆陈[6]之轨，追陷溺之后，以赴其前，何及之有？故秦承霸业，不及尧、舜之道。夫危生于安，亡生于存，乱生于治。君子视微知著，见始知终，祸无从起，此思虑之政也。

**注释**

〔1〕思者，正谋也：反复思考，是为了使自己的谋略正确。

〔2〕秦穆公伐郑，二子知其害：秦穆公伐郑，蹇叔谏阻，以为"劳师以袭远，勤而无所"，且行千里，易为人所乘，伐郑必败。秦师过周北门，王孙满见秦师轻而无礼，以为"轻则寡谋，无礼则脱，入险而脱，又不能谋，能无败乎"。

〔3〕吴王受越女，子胥知其败：越王勾践为吴所败，退守会稽，知吴王夫差好色，献西施于吴王，欲乱其政。伍子胥谏阻，吴王不听，后吴终被越灭。

〔4〕虞受晋璧马，宫之奇知其害：宫之奇，春秋虞国大夫。晋献公伐虢，用璧玉骏马向虞国借路，宫之奇以"唇亡齿寒"的道理劝谏，虞君不听。宫之奇就和他的族人离开了虞国。晋师灭虢后，回师灭了虞国。

〔5〕宋襄公练兵车，目夷知其负：目夷，宋襄公庶兄，为左师。宋襄公十二年，为鹿上之盟，与楚争盟主，称霸诸侯，目夷进谏说："小国争盟，祸也。"后，楚击宋，宋师大败。

〔6〕覆陈：通"覆阵"。

## 【译文】

思虑的为政策略，就是思近虑远，为将来做谋划。人如果没有长远的打算，必定会有眼前的忧患，因此，睿智的君子能根据眼前的事物做分析思考以规划并预测将来的发展。反复思考就是确定谋略目标；仔细考虑就是思考办成某件事所要采取的计策。不在某个职位上就不去关心与其职位相关的事务，不属于自己分内的事，就不必去考虑办成此事的计策。成就大的业绩起步会很艰难，做小的事业就比较容易入手。因此，在考虑一件事所带来的利益的同时，也一定要考虑到它所带来的危害；在考虑到一件事成功的同时，也一定要考虑失败的可能。所以说，九层高台，虽然巍峨高耸，但终也有坍塌损坏的时候。因此，抬头仰视高处的人不能忽视脚下存在的危险；往前看的人不能忘记身后存在的隐患。所以，当秦穆公攻伐郑国时，蹇叔和王孙满就已经预料到这场战争的危害；当吴王夫差接受越王送来的美女时，伍子胥就知道将败坏国政；当虞国国君接受了晋献公献上的美玉宝马时，宫之奇就知道虞国将要灭亡了；当宋襄公训练军队想称霸诸侯时，目夷已明白宋国将要打败仗了。像以上这些有识之士的远见卓识，都是他们深思熟虑的结果，可以说是明智的了。如果没有这种深思远虑，而是沿着败军覆没的轨迹，步着失败者沦陷的后尘，前去追寻其因果，哪里还来得及呢？所以说，秦始皇虽然承袭了天下霸业，但赶不上尧舜的治国之道。危机产生于和平安定，灭亡产生于存在，动乱出现在太平治世。睿智的君子能由此及彼，由细微处了解事物的整体，由事物的起始预知它的结局，以此避免祸乱、失败的产生和出现，这就是思虑的原则和作用。

卷三 · 诸葛武侯文集

# 草庐对

【说明】

　　《草庐对》也称《隆中对》，它是刘备拜访诸葛亮时，诸葛亮就天下形势和统一国家的根本大计回答刘备询问的一席话。"对"是一种陈述军政或经义意见的文体，一般向朝廷提出。当时诸葛亮寓居隆中，住草庐，故后人称之《隆中对》或《草庐对》。

　　官渡之战后，曹操逐渐统一了北方，欲挥师吞并南方。而刘备自起兵 20 多年，屡遭惨败，失势众寡，竟无立锥之地，寄居在刘表辖下的新野。为摆脱困境，他多方访贤问计。公元 207 年，经徐庶推荐，刘备亲自到隆中（今湖北襄樊市西）三顾茅庐拜会了年仅 27 岁的诸葛亮。诸葛亮劝他首先夺取荆、益两州作为立足之地，同时联孙抗曹，革新政治，搞好民族关系，伺机图进，统一全国。该对策分析中肯，议论精辟，胆识卓著，深得刘备赞赏。后来，高瞻远瞩的《草庐对》成为刘备集团争夺天下的总策略，载誉后世。

【原文】

　　自董卓[1]已来，豪杰[2]并起，跨州连郡[3]者不可胜数。曹操比于袁绍[4]，则名微而众寡，然操遂能克绍，以弱为强者，非惟天时，抑亦人谋也。今曹已拥百万之众，挟天子而令诸侯，此诚不可与争锋。孙权[5]据有江东，已历三世[6]，国[7]险而民附，贤能为之用，此可以为援而不可图也。荆州北据汉、沔[8]，利尽南海，东连吴、会[9]，西通巴、蜀[10]，此用武之国，而其主不能守，此殆天所以资将军，将军岂有意乎？益州险塞，沃野千里，天府之土，高祖[11]因之以成帝业。刘璋暗弱[12]，张鲁[13]在北，民殷国富而不知存恤[14]，智能之士思得明君。将军既帝室之胄[15]，信义著于四海[16]，总揽[17]英雄，思贤如渴，若跨有荆、益，保其岩阻[18]，西和诸戎[19]，南抚夷越[20]，外结好孙权，内修政理[21]，天下有变，则命一上将将荆州之军以向宛、洛[22]，将军身率益州之众出于秦川[23]，百姓孰敢不箪食壶浆[24]以迎将军者乎？诚如是，则霸业[25]可成，汉室可兴矣。

（见《三国志·蜀志·诸葛亮传》）

**【注释】**

〔1〕董卓（？—192）：字仲颖，陇西临洮（今甘肃岷县）人。东汉末大军阀。公元189年，领兵入洛阳，废少帝，立献帝。次年，又胁迫献帝迁都长安，自任太师，独揽朝政，妄图称帝，引起军阀混战，使生产受到严重破坏。公元192年，被王允、吕布所杀。

〔2〕豪杰：原指才能出众的人，这里指军阀。

〔3〕跨州连郡：跨、连，跨越；连接。州、郡，汉代行政区。全国共分十三州，下设郡。

〔4〕"曹操"句：曹操（155—220），字孟德。政治家、军事家。早年参与镇压东汉黄巾起义。公元196年，迎献帝迁都许昌，用皇帝名义发号施令，先后削平吕布、袁绍等割据势力。建安十三年进位丞相。封魏王，其子丕称帝后，追尊为武帝。袁绍（？—202），字本初，汝南汝阳（今河南商水西南）人。出身于四世三公的官僚家庭。初为司隶校尉，因不满董卓专权逃离京师。后据冀、青、幽、并四州。一度成为最强大的割据势力。建安五年在官渡被曹操打败，不久病死。

〔5〕孙权（182—252）：字仲谋，吴郡富春（今浙江富阳）人。孙坚次子。继其兄孙策据江东六郡。建安十三年，同刘备联合，在赤壁大败曹军。公元229年称帝，国号吴。

〔6〕三世：指孙坚及其子孙策、孙权。

〔7〕国：诸侯所占据的地方。下同。

〔8〕荆州句：荆州，地跨今湖北、湖南以及河南省的一部分。汉、沔，指汉水、沔水，实为一水。此水有北西二源，北源出自陕西留坝西为沔；西源出自宁强北为汉，二源合流后通称沔水或汉水。这里指陕西南部以汉中为中心的一带地方。

〔9〕吴、会（kuài）：吴郡和会稽郡，泛指今江苏省长江以南地区和浙江省。

〔10〕巴、蜀：巴郡和蜀郡，泛指益州，地处今四川、云南、贵州一带。

〔11〕高祖：汉高祖刘邦。

〔12〕刘璋（？—219）：字季玉，江夏竟陵（今湖北省天门市）人。继其父刘焉为益州牧，后降刘备。闇（àn）弱，昏庸无能。

〔13〕张鲁：字公祺，沛国丰县（今江苏省丰县）人。汉末农民起义军首领，时据益州以北汉中一带地区。

〔14〕民殷国富句：殷，盛实、众多。存，关心。恤（xù），爱惜。

〔15〕胄：后代；刘备是汉景帝刘启的儿子中山靖王刘胜的后裔。

〔16〕四海：天下，这里指全国。

〔17〕总揽：广泛召集。

〔18〕岩阻：险要的地方。

〔19〕诸戎：泛指四川西部各少数民族。

〔20〕夷越：夷，泛指四川、云南、贵州一带少数民族。越，指当时荆州以南的少数民族。

〔21〕内修政理：修，整顿；改进。政理，政治。

〔22〕宛、洛：宛，今河南省南阳市。洛，今河南省洛阳市。这里泛指被曹操占据的中原地带。

〔23〕秦川：今陕西、甘肃渭水流域一带。

〔24〕百姓句：孰，谁，哪个。箪（dān），盛饭的圆形竹器。食（sì），食物。浆，汤水（一说为酒）。

〔25〕霸业，指统一全国的事业。

【译文】

自从董卓专权以来，英雄豪杰都纷纷起事，跨过一州又一州、连起一郡又一郡的割据一方的人数也数不完。曹操跟袁绍相比，不仅名声小，而且军队也少，但是曹操能够战胜袁绍并且由弱小变为强大势力的原因，不只是天时对曹有利，也是人的高超智谋所产生的结果啊。现在，曹操已拥有百万将士的军队，又挟持当今皇帝而号令诸侯、晓喻天下，这实在是不能够同他争战的。孙权占据长江下游一带的地方，已经经历了三代，地势险要，百姓归附，贤明而有才能的人为他所用，这是应该联结的外援力量，而绝不能谋取。而荆州，北边据有汉水、沔水，南边直到南海的物资都能利用，东边与吴、会稽二郡相连，西边同巴、蜀二郡相通，这正是天下英雄用武的战略要地；然而它的主人刘表却不能守卫它，这大概是上天拿它来资助将军的吧，将军可有这种打算？益州地势险要阻塞，土地肥沃，纵横千里，是一个天然的物产丰富的好地方，汉高祖就凭着这块宝地而成就了帝业。那里的主人刘璋昏庸无能，加上益州北边盘踞的张鲁相威胁，虽百姓殷实，国家富裕，但不懂得珍惜，使得那里有智谋有才能的人，都思盼着一个贤明的国君。将军既然是皇家的后代，信义又名闻天下，广泛罗致天下的英雄豪杰，如饥似渴地思盼贤才，假若占据了荆、益二州，保卫并凭着这险要的地方，向西同西边各少数民族和好，向南安抚好南方各个民族，对外联络好孙权并结为盟友，对内治理好国家政治，一旦天下形势发生变化，就命令一员大将率领荆州的军队向南阳、洛阳进军，将军亲自率领益州的军队，占领秦川，老百姓谁还敢不拿着酒饭而欢迎将军您呢？如果真能够这样，那么统一天下的大业就可成功，汉朝的江山就能复兴了！

## 前 出 师 表

【说明】

　　蜀汉从猇（xiāo）亭（现湖北宜都）惨败逐步恢复以来，又通好东吴，平定南方，"军资所出，国以富饶"。在此后方日益巩固的情况下，于建兴五年（227），诸葛亮率军北驻汉中（今陕西省汉中市），准备北伐曹魏。这是出兵之前，他向后主刘禅上的表。

臣亮言：先帝[1]创业未半，而中道崩殂。今天下三分，益州疲敝，此诚危急存亡之秋也。然侍卫之臣不懈于内，忠志之士忘身于外者，盖追先帝之殊遇，欲报之于陛下[2]也。诚宜开张圣听，以光先帝遗德，恢弘志士之气。不宜妄自菲薄，引喻失义，以塞忠谏之路也。宫中府中，俱为一体，陟罚臧否，不宜异同。若有作奸犯科及为忠善者，宜付有司论其刑赏，以昭陛下平明之理，不宜偏私，使内外异法也。

侍中、侍郎[3]郭攸之、费祎、董允等，此皆良实，志虑忠纯，是以先帝简拔[4]以遗陛下。愚以为宫中之事，事无大小，悉以咨之，然后施行，必能裨补阙漏，有所广益。将军向宠，性行淑均，晓畅军事，试用于昔日，先帝称之曰能，是以众议举宠为督。愚以为营中之事，悉以咨之，必能使行阵和睦，优劣得所。亲贤臣，远小人，此先汉所以兴隆也；亲小人，远贤臣，此后汉所以倾颓也。先帝在时，每与臣论此事，未尝不叹息痛恨于桓、灵[5]也。侍中、尚书、长史、参军[6]，此悉贞亮死节之臣，愿陛下亲之信之，则汉室之隆，可计日而待也。

臣本布衣[7]，躬耕于南阳，苟全性命于乱世，不求闻达于诸侯。先帝不以臣卑鄙，猥自枉屈，三顾臣于草庐之中，谘臣以当世之事。由是感激，遂许先帝以驱驰。后值倾覆，受任于败军之际[8]，奉命于危难之间，尔来二十有一年矣。先帝知臣谨慎，故临崩寄臣以大事[9]也。受命以来，夙夜忧叹，恐付托不效，以伤先帝之明，故五月渡泸，深入不毛[10]。今南方已定，兵甲已足，当奖率三军，北定中原，庶竭驽钝，攘除奸凶，兴复汉室，还于旧都[11]，此臣之所以报先帝，而忠陛下之职分也。至于斟酌损益，进尽忠言，则攸之、祎、允之任也。愿陛下托臣以讨贼兴复之效，不效，则治臣之罪，以告先帝之灵。若无兴德之言，则责攸之、祎、允等之慢，以彰其咎。陛下亦宜自谋，以谘诹善道，察纳雅言。深追先帝遗诏，臣不胜受恩感激。今当远离，临表涕零，不知所言。

【注释】

〔1〕先帝：指刘备。蜀汉章武二年（222），刘备伐吴大败，次年卒于永安。

〔2〕陛下：古代对皇帝的尊称。

〔3〕侍中、侍郎：侍中，官名，侍从皇帝左右。三国时期，是一种要职，实际上类于丞相。侍郎，汉代郎官，本为宫廷的近侍，东汉以后，为尚书的属官。

〔4〕简拔：简，通"柬"，选择。简拔，即选拔。

〔5〕桓、灵：东汉的桓帝刘志、灵帝刘宏。二人在位时宠信宦官、外戚，朝政腐败。

〔6〕尚书、长史、参军：尚书，官名，协助皇帝处理政务。这里指尚书陈震。长（zhǎng）史，辅助丞相及三公（太尉、司徒、司空）处理政务的官员。这里指长史张裔。参军，丞相、诸王及将军开府者均置参军，即幕僚。这里指参军蒋琬。

〔7〕布衣：古代没有官职的平民除年老者外，都只准穿麻织品衣服，即布衣，后以布衣指没有官职的人。

〔8〕受任于败军之际：东汉建安十三年，刘备在荆州依附刘表。曹操南征，恰逢刘表死，其子刘琮投降。刘备在当阳的长坂被曹操击败。诸葛亮受刘备之托，到东吴联结孙权，共同抗曹，在赤壁大破曹军。刘备趁机据有荆州。

〔9〕临崩寄臣以大事：蜀汉章武三年（223），刘备伐吴失败，退兵途中因病驻在白帝城（四川奉节东），病危时召见诸葛亮，托付大事，说："君才十倍曹丕。""若嗣子可辅，辅之；如其不才，君可自取。"诸葛亮流泪回答："臣敢竭股肱之力，效忠贞之节，继之以死。"

〔10〕五月渡泸，深入不毛：泸，泸水，即今之金沙江。泸水经热，多瘴气。建兴元年（223），云南境内少数民族变乱，诸葛亮领兵南征，恩威并施，平定动乱。蜀汉南部得以巩固。

〔11〕旧都：指东汉京城洛阳。

[译文]

臣诸葛亮说：先帝开创基业未到一半，就中途去世了。现在天下已经分成三个国家，我们益州疲乏穷困，这真是危急存亡的紧要时刻。然而侍从和警卫的臣子，在朝廷内毫不懈怠，忠诚贤贞的将士，在外面舍生忘死，这都是为了追怀先帝的特殊的恩遇，想对陛下报答这种恩情。陛下实在应该广泛地听取意见，来光大先帝遗留下来的美德，弘扬志士的气节。而不应妄自菲薄，言谈时称引、比喻有失恰当，以致阻塞忠臣进谏的道路。宫廷内和丞相府中都是同一体制法度，提升和惩罚、赞美和批评，不应当有所不同。如果有为非作歹而触犯法令以及尽忠行善的人，应交给有关主管部门，评定对他们的处罚和奖赏，来彰明陛下公平明正的治理，不应当有偏见和私心，使内外的法度有所不同。

待中、待郎郭攸之、费祎、董允等，这些人都善良诚实，心思忠厚纯正，因此先帝选拔出来留给陛下。我认为宫中的事，事情无论大小，都拿来问问他们，然后施行，必定能对缺失疏漏的地方有所补益，获得更大的好处。将军向宠，品性善良且行为公正、通晓军事，在过去试用时，先帝称赞他能干，因此群臣推举向宠为中都督。我认为军中的事，都拿来问他，必定能使军队和睦，使才能高低不同的将士各得其所。亲近贤臣，疏远小人，这是先汉兴隆的原因；亲近小人，疏远贤臣，这是后汉覆灭的缘由。先帝在世的时候，每当与我谈论这件事，没有不对桓、灵二帝叹息痛恨的。待中、尚书、长史、参军，这些都是忠贞可靠、能为名节而死的臣子，希望陛下亲近他们、信任他们，那么汉室的兴隆，就可以计日而待了。

臣本来是个平民，亲自在南阳耕种，只图在乱世苟且地保全性命，不求在诸侯间闻名显达。先帝不认为我卑微鄙陋，自己枉驾屈就，三次到草庐之中来看我，拿当世的大事来征询我的看法。因此我心中感激，于是答应先帝为他奔走效力。后来当阳失败，我在军队失败的时候接受任用，在危难的时候接受使命，从那时以来已经二十一年了。先帝知道我做事谨慎，所以临终时把国家大事托付给我。我接受命令以来，夙夜忧愁叹息，唯恐托付之事没有成效，而损害先帝的圣明，所以五月渡过泸水，深入不毛之地。现在南方已经平定，兵器盔甲已经充足，应当鼓励和率领全军，北定中原，我希望竭尽低劣的能力，扫除奸邪凶恶的敌人，兴复汉室，回到旧都。这是我用以报答先帝而且尽忠陛下的职责本分。至于斟酌国家政务上的除弊兴利，把忠言都进献出来，那就是郭攸之、费祎、董允的责任了。希望陛下把讨贼复兴的任务交付给我，如没有成效，那就治我的罪，用以告慰先帝的英灵。如果没有复兴美德的谏言，那就究责攸之、祎、允的轻慢，来明示他们的过错。陛下也应自己认真谋虑国事，征求治国的好办法，明察并采纳好的建议，深切追思先帝的遗诏。臣受陛下厚恩，感激不尽。现在我正要远离陛下，面对表章流泪，不知所言。

## 后 出 师 表

【说明】

文中的史实多有矛盾，至少不全是出于诸葛亮之手，但也一向受到传诵。当时，魏将曹休被东吴打败，魏国主力东进，诸葛亮想趁魏国内虚出兵攻魏。但是，许多大臣对诸葛亮这种想法表示疑虑，后主刘禅也犹豫不决。在这篇表文中，诸葛亮主要是分析当时的形势，表示"鞠躬尽瘁，死而后已"的决心。

【原文】

先帝虑汉、贼不两立[1]，王业不偏安，故托臣以讨贼也。以先帝之明，量臣之才，故知臣伐贼才弱敌强也。然不伐贼，王业亦亡，惟坐待亡，孰与伐之？是故托臣而弗疑也。臣受命之日，寝不安席，食不甘味，思惟北征，宜先入南。故五月渡泸[2]，深入不毛，并日而食。臣非不自惜也，顾王业不得偏全于蜀都，故冒危难以奉先帝之遗意也，而议者谓为非计。今贼适疲于西，又务于东[3]，兵法乘劳，此进趋之时也。谨陈其事如左：

高帝[4]明并日月，谋臣渊深，然涉险被创[5]，危然后安。今陛下未及高帝，谋臣不如良、平[6]，而欲以长计取胜，坐定天下，此臣之未解一也。

刘繇、王朗[7]各据州郡，论安言计，动引圣人，群疑满腹，众难塞胸，今岁不战，明年不征，使孙策坐大，遂并江东[8]，此臣之未解二也。

曹操智计殊绝于人，其用兵也，仿佛孙、吴[9]。然困于南阳[10]，险于乌巢[11]，危于祁连[12]，逼于黎阳[13]，几败北山[14]，殆死潼关[15]，然后伪[16]定一时尔。况臣才弱，而欲以不危而定之，此臣之未解三也。

曹操五攻昌霸[17]不下，四越巢湖[18]不成，任用李服而李服图之[19]，委夏侯而夏侯败亡[20]。先帝每称操为能，犹有此失，况臣驽下，何能必胜？此臣之未解四也。

自臣到汉中，中间期年耳，然丧赵云、阳群、马玉、阎芝、丁立、白寿、刘郃、邓铜等，及曲长、屯将七十馀人，突将、无前、賨叟、青羌[21]、散骑、武骑，一千馀人。此皆数十年之内所纠合四方之精锐，非一州之所有。若复数年，则损三分之二也，当何以图敌？此臣之未解五也。

今民穷兵疲，而事不可息。事不可息，则住与行劳费正等，而不及今图之，欲以一州之地与贼持久，此臣之未解六也。

夫难平者，事也。昔先帝败军于楚[22]，当此时，曹操拊手，谓天下已定。然后先帝东连吴、越[23]，西取巴、蜀[24]，举兵北征，夏侯授首[25]，此操之失计而汉事将成也。然后吴更违盟，关羽毁败[26]，秭归蹉跌[27]，曹丕称帝[28]。凡事如是，难可逆见。臣鞠躬尽瘁[29]，死而后已。至于成败利钝，非臣之明所能逆睹也。

〔1〕先帝句：先帝，去世的皇帝，这里指刘备。汉，汉朝，包括蜀汉。蜀汉自认为是西汉、东汉一脉相传的继承者。贼，这里指曹魏。

〔2〕五月渡泸：参见《前出师表》注〔10〕。

〔3〕适疲于西，又务于东：疲于西，指建兴六年春，诸葛亮率兵攻祁山（甘肃西和县西北），南安等三郡叛魏响应诸葛亮，关中震动。务于东，指同年秋天，魏将曹休伐吴，兵败于石亭（安徽潜山东北）。

〔4〕高帝：指汉高祖刘邦。

〔5〕涉险被创：刘邦曾在同项羽的一次交战中被流矢所中。

〔6〕良、平：刘邦的重要谋臣张良、陈平。

〔7〕刘繇、王朗：刘繇（yáo），东汉末扬州刺史；王朗，东汉末会稽太守（治所在今浙江绍兴）。二人都被孙策击败。

〔8〕孙策句：孙策，字伯符，孙权之兄。东汉兴平二年，孙策率兵击破刘繇，据有江东。后又入据会稽，孙策的征战为吴国打下了根基。江东，长江在芜湖、南京间作西南向东北流向，习惯上称自此以下的长江南岸为江东地区。

〔9〕孙、吴：指春秋战国时著名的军事家孙武、吴起。

〔10〕困于南阳：东汉献帝建安二年，曹操率兵在南阳郡宛城与张绣交战，军败，自己被流矢射中，长子曹昂遇害。

〔11〕险于乌巢：建安五年，曹操与袁绍在官渡（河南中牟东北）相持，当时曹军势力弱，且一度绝粮。后来曹操出奇兵夜袭袁绍屯粮之处乌巢（河南延津东南），扭转战局，取得胜利。

〔12〕危于祁连：所指史实不详。

〔13〕逼于黎阳：袁绍败死后，其子袁尚、袁谭退据黎阳（河

南浚县东)。建安七年秋起，曹操屡次攻伐黎阳，到八年春才攻破。

〔14〕几败北山：建安二十四年，留守汉中的曹操大将夏侯渊为刘备所斩。曹操为了争夺汉中，运送军粮经过北山。曹操兵与赵云遭遇，军败，死伤甚众。北山，在汉中地区。

〔15〕殆死潼关：建安十六年，曹操西征马超、韩遂，在潼关之战中，马超兵箭如雨发，曹操几乎被射死。

〔16〕伪：指曹魏政权，蜀汉自认是正统，所以称曹魏为"伪"。

〔17〕五攻昌霸：昌霸，东汉末东海郡太守。他背叛曹操，归顺刘备。曹操出兵征伐，多次受挫。

〔18〕四越巢湖：东吴在巢湖的南边，曹军屡次从巢湖进攻东吴，均不顺利。

〔19〕李服图之：李服，应是王服之误。建安四年，汉献帝的舅父车骑将军董承奉密诏，与王服、刘备等谋杀曹操。五年正月，计谋泄露，董承、王服等被杀。

〔20〕夏侯败亡：见本篇注〔14〕。

〔21〕賨（cóng）叟（sǒu）、青羌（qiāng）：均为西南地区少数民族的名称，这里指蜀汉军中的少数民族将士。

〔22〕败军于楚：指建安十三年，刘备当阳长坂之败。

〔23〕东连吴、越：指连结东吴。东吴境域包括古吴、越两国之地。

〔24〕西取巴、蜀：巴，古巴国，在今四川东部。蜀，古蜀国，在今四川西部。

〔25〕夏侯授首：见本篇注〔14〕。

〔26〕关羽毁败：关羽，蜀汉名将。守荆州，忽视联结孙权的战略意义，致使孙刘联盟破裂。建安二十四年，吴将吕蒙袭取荆州，杀关羽。

〔27〕秭归蹉跌：蜀汉章武元年，刘备为了替关羽复仇，兴

兵伐吴，次年大败。逃到秭归，收集残兵回蜀。

〔28〕曹丕称帝：曹丕，字子桓，曹操的儿子。诗人，文学理论家。汉献帝延康元年（220），曹丕废献帝，自立为皇帝，改年号为黄初。

〔29〕尽瘁：一本作"尽力"。

### 【译文】

先帝考虑到汉朝、曹魏不能两立，帝王的事业不能偏据一方，所以把讨伐魏贼的任务托付给我。凭着先帝的英明，衡量我的才能，知道我去讨贼，才能低弱而敌人强大。然而不讨伐魏贼，王业也要败亡，与其坐而待亡，还不如兴师讨伐他们。因此托付我讨贼而不迟疑。我从接受命令那天起，睡觉不能安息，吃饭不能辨味，考虑要进行北伐，应当首先稳定南方。所以五月间渡过泸水，深入不毛之地，两天才能吃到一天的饭。我并非不爱惜自己，只是王业不能偏安在蜀都，所以冒着危难来奉行先帝的遗愿。而朝中议事的人认为并非良策。现在敌贼刚在西方打得疲惫不堪，又在东方致力于战事。根据兵法，要乘敌人疲劳出击，此时正是进攻的好时机。请让我把对这些事情的意见陈述如下：

高帝英明与日月齐光，他的谋臣深谋远虑，然而他也历经艰险，遭受创伤，危险过后才得平安。现在陛下不及高帝，谋臣不如张良、陈平，却想靠从长计议的办法取得胜利，安坐着平定天下，这是我不能理解的第一点。

刘繇、王朗，各占据着州郡，议论安危，谈说计策，动不动就援引圣人的话，大家疑虑满腹，疑难塞胸，今年不能出战，明年不能出征，使孙策自然而然地强大起来，于是吞并江东，这是我困惑不解的第二点。

曹操的智谋计策，超过一般的人，他用兵好像孙武、吴起一样。但是他在南阳被困，在乌巢遇险，在祁连遭危，在黎阳被逼，几乎败在北山，差点死在潼关，这以后才得以建立伪政权苟安一时罢了。何况我才能低弱，却想要用没有危险的办法让我来平定天下。这是我迷惑不解的第三点。

曹操五次攻打昌霸不下，四次越渡巢湖不成，任用李服而李服却谋杀他；委任夏侯渊而夏侯渊却遭败亡。先帝常常称赞曹操有才能，他还有这种失败，何况我才能低劣，怎么能够一定胜利呢？这是我不解的第四点。

自从我到汉中作战，中间仅有一年罢了，然而就丧亡赵云、阳群、马玉、阎芝、丁立、白寿、刘郃、邓铜等，以及曲长、屯将七十多人，这些都是所向无敌、冲锋陷阵的猛将勇士；还有賨叟、青羌、散骑、武骑一千多人。这些都是几十年内纠合起来的四方精锐部队，不是一州所有的。如果再过几年，就要损失三分之二了，还该用什么对付敌人呢？这是我不解的第五点。

现在人民穷困而士兵疲劳，可是战事不能停止。战事不能停止，那么防守和出击，劳力和费用正相等。而如果不及早图谋，想用一州之地，与敌人持久作战，这是我不解的第六点。

难以预测的是战事。从前先帝在楚地兵败，正当此时，曹操拍手称快，认为天下已定。可是后来先帝东面联合吴、越，西面攻取巴、蜀，发兵北伐，杀了夏侯渊，这是曹操的失策。而汉室事业将要成就时，东吴又违背盟约，关羽战败身亡，先帝兵败秭归，曹丕废汉称帝。一切事情都如此，很难预料。臣只想鞠躬尽瘁，死而后已。至于事情的成功或失败、顺利或挫折，就不是我的智慧所能预见的了。

## 论斩马谡[1]

**[说明]**

马谡，字幼常，襄阳宜城人。少时即熟读兵书，擅长谈辩，诸葛亮南征时，他曾建议不以武力慑服，宜用攻心智取之策，深得诸葛亮赏识。但马谡短于实践，言过其实。

公元228年，诸葛亮首次北伐出兵祁山，用马谡为先锋，与魏国名将张郃战于街亭。马谡违背诸葛亮的计划安排，自作主张进行错误的部署，导致街亭失守，全线被动，首次北伐遂告失败。诸葛亮依法斩了马谡，并针对蒋琬认为天下未定正是用人之时，杀了有才能和计谋的人很可惜的思想而谈了这段话。

**[原文]**

孙、吴[2] 所以能制胜于天下者，用法明也。是以扬干[3] 乱法，魏绛[4] 戮其仆。四海分裂，兵交方始，若复废法，何用讨贼邪！

【注释】

〔1〕本文见于陈寿《三国志》卷三十九《马谡传》。马谡(sù)：襄阳（今湖北襄樊）人，从荆州随刘备入蜀。诸葛亮北伐时，曾任先锋。

〔2〕孙、吴：即孙武和吴起，详见《后出师表》注文〔9〕。著有《孙子兵法》。

〔3〕扬干：晋悼公之弟。

〔4〕魏绛(jiàng)：即魏庄子。春秋时期晋国大夫。

【译文】

孙武用兵之所以能无敌于天下，是因为军法严明。因此扬干违法乱纪，魏绛就杀了为他赶车的仆人。现在天下四分五裂，北伐战争刚刚开始，如果废除法纪，用什么去讨伐敌人呢？

## 街亭自贬疏〔1〕

【说明】

街亭失守，第一次北伐失败，诸葛亮依法斩了他所器重的马谡。但作为主帅，也当承担责任，诸葛亮特上疏刘禅，请给予自己贬官三等的处分。刘禅听从了他的坚决请求，降他为右将军、代行丞相事。

奏章中他检查自己"明不知人"，"授任无方"，以及身为三军主帅而"不能训章明法"等过错都是很中肯的。

【原文】

臣以弱才，叨窃[2]非据，亲秉旄钺[3]以厉三军，不能训章明法，临事而惧[4]，至有街亭违命之阙[5]，箕谷不戒之失[6]，咎皆在臣，授任无方。臣明不知人，恤事多暗[7]，《春秋》责帅[8]，臣职是当。请自贬三等，以督厥咎。

【注释】

〔1〕本文见于陈寿《三国志》卷三十五《诸葛亮传》。

〔2〕叨（tāo）窃非据：意为担任了力不能胜任的职务。叨窃，指不应该得到而得到了。

〔3〕旄（máo）钺：旄，古代用牦牛尾作装饰的旗帜。钺，大斧。旄钺，是古代天子出征时的象征，这里表示代天子出征，拥有指挥和赏罚全军的大权。

〔4〕临事而惧：语出《论语·述而》。指遇事应小心谨慎。惧，警惕。

〔5〕街亭违命之阙：指马谡违反军令失守街亭一事。

〔6〕箕谷不戒之失：指赵云、邓芝因马谡兵败连累，在箕谷为魏军击退。箕谷，地名，在今陕西褒城县境内。

〔7〕恤事多暗：思考问题多为糊涂。恤，虑。

〔8〕《春秋》责帅：意思是依据《春秋》，打了败仗应追究主帅责任。

【译文】

我以微弱的才能，担任了不应担任的职务，亲自指挥三军打仗，没有能做到依照规章、严明法纪，以及遇事应小心谨慎的原则，致使马谡违反军令，失守街亭，箕谷戒备不严等过失，这些过失都在我用人不当。我缺乏知人之明，考虑问题也多有糊涂。按照《春秋》责帅的法则，我应当受到处罚。现请求贬职三级，以惩罚我的过失。

## 诫 子 书

**【说明】**

这篇家训是诸葛亮写给儿子的。究竟是写给哪个儿子，有不同说法。一说是写给嗣子诸葛乔的。诸葛亮北伐曹魏，诸葛乔受命在山谷中押送粮草及其他军用物资，备尝艰辛，不幸早夭。一说是写给二儿子诸葛瞻的。诸葛瞻，字思远，官至尚书仆射。

全文只有86个字，文句紧凑，一气呵成。文章很短，但有着很强的文化魅力，千古流传。至今仍家喻户晓的名句"澹泊以明志，宁静以致远"就蕴于文中。文章所宣扬的是传统儒家的人生价值，认为"君子之行"，通过"静"来修身，通过"俭"来养德。文章鼓励它的教育对象成为儒家所赞誉的"君子"，有所作为。服务于这一主题，文章论述了学习、才能、志向三者之间的关系，很有哲理，受到后世读者的认同。

**【原文】**

夫君子之行，静以修身，俭以养德[1]。非澹泊无以明志，非宁静无以致远[2]。夫学须静也，才须学也，非学无以广才[3]，非志无以成学。淫慢则不能励精[4]，险躁则不能治性[5]。年与时驰，意与日去，遂成枯落[6]，多不接世[7]，悲守穷庐[8]，将复何及！

【注释】

〔1〕夫君子三句：行，指品行、操守。静，安静，引申为心境专注而不躁动。修身，修养身心。俭，节俭。养德，培养品德。

〔2〕非澹泊二句：澹泊，恬静寡欲。无以，没有用……的方法。明志，使志向清明。明，使动词。宁静，指内心平静。致远，到达远处，引申为取得好的成就。

〔3〕夫学须三句：须，恃，依靠。广才，使才干增广。广，使动词。

〔4〕淫慢句：淫慢，怠惰散漫。励精，振奋精神。

〔5〕险躁句：险躁，冒险急躁。治性，陶冶性情。

〔6〕枯落：通“瓠落”，大而无用。《庄子·逍遥游》：“惠子谓庄子曰：‘魏王贻我大瓠之种，我树之成而实五石。以盛水浆，其坚不能自举也；剖之以为瓢，则瓠落无所容。非不呺然大也，吾为其无用而掊之。’”

〔7〕接世：接近社会。

〔8〕穷庐：简陋的房舍。

【译文】

高尚君子的行为，以宁静来提高自身的修养，以节俭来培养自己的品德。不恬静寡欲无法明确志向，不排除外来干扰无法达到远大目标。学习必须静心专一，而才干来自于学习。所以不学习就无法增长才干，没有志向就不能使学习有所成就。放纵懒散就不能振奋精神，冒险急躁就不能陶冶性情。年华随时光而飞驰，意志随岁月而流逝，最终枯败零落，大多不接触世事、不为社会所用，只能悲哀地坐守着那穷困的居舍，这时悔恨又怎么来得及！

## 又诫子书

【说明】

这是诸葛亮的又一诫子书。在这封书信中，诸葛亮指出，适当的饮酒欢乐，既能增强朋友之间的感情和友谊，又可起到调节性情的作用。而且少量饮酒对身体亦有好处，它可以起到加快血流循环的作用，有利于身心健康。但诸葛亮主要是告诫儿子在饮酒中注意节制，不要贪杯，如果不加自控，喝得烂醉，在宴席上不仅丑态百出，失去礼节，而且影响身体健康。诸葛亮告诫儿子的这些话，看后似乎大家都理解，都明了，但真正做到并不容易，这需要一个人有控制自己情感的能力，更需要有一定的礼节。年轻人爱聚在一起，不论是宴会聚合，还是平日的相逢，免不了要喝点，但一喝起来，往往都不能自控，划拳、猜令，最后怪相百出，甚至大打出手。所有这些，都是缺乏理智，没有涵养的表现。诸葛亮的这些教诲值得认真体会。

【原文】

夫酒之设，合礼致情，适体归性，礼终而退，此和之至也。主意未殚，宾有馀倦，可以至醉，无致迷乱。

【译文】

设酒宴请客，为的是合于礼节，增强感情，使身体舒畅，陶情适性，酒宴结束之后，大家愉快地散席，这是最和谐的。如果主人的酒兴未尽，客人们也还没有疲倦，可以再喝一点，略带些醉意，但是千万不要喝到神志不清的地步。

## 诫外生书

【说明】

早立志，立大志，是古代家训中常见的内容之一。诸葛亮的《诫外生书》（生同甥）这篇家诫的核心内容也是树立志向，而且提出"志当存高远"。文章从正反两方面阐述了立大志和"志不强毅"所必然会有的不同结果：有了大志，即使不能显德于世，对一个人的美德毫无损害，他是真正的有志者，更何况"有志者，事竟成"；如果不立志或志向不坚强弘毅，那么一个人必然没有成就。为什么人的志向会"不弘毅"呢？乃是由于他被世俗的权势、利禄、享乐所牵累、所束缚，其结局必然是沦为庸人凡夫。这是诸葛亮一生为人的总结，他的告诫值得后人借鉴。

　　夫志当存高远 [1]，慕先贤 [2]，绝情欲 [3]，弃疑滞 [4]，使庶几 [5] 之志，揭然 [6] 有所存，恻然 [7] 有所感；忍屈伸，去细碎，广咨 [8] 问，除嫌吝 [9]，虽有淹留 [10]，何损于美趣 [11]，何患于不济 [12]。若志不强毅，意不慷慨 [13]，徒碌碌滞 [14] 于俗，默默束于情 [15]，永窜伏 [16] 于凡庸，不免于下流 [17] 矣！

〔1〕夫志句：志，志向。高远，高尚、远大。

〔2〕慕先贤：慕，敬仰。先贤，前代有才德的人。

〔3〕情欲：人的欲念。此指贪欲。

〔4〕疑滞：受阻而停留不前。

〔5〕庶几：据《易·系辞下》载，"颜氏之子，其殆庶几乎"，颜氏之子，指颜回。后以"庶几"借指贤才。

〔6〕揭然：显露的样子。

〔7〕恻然：恳切的样子。

〔8〕咨：询问。

〔9〕嫌吝：嫌，厌恶，不满；吝，恨。嫌吝，憎恶，不满意。这里指怨天尤人。

〔10〕淹留：隐退，屈居下位。

〔11〕美趣：美好的志趣。

〔12〕济：成功。

〔13〕意不慷慨：意，意气。慷慨，情绪激昂。

〔14〕滞：拘泥，固执。

〔15〕情：情感，情欲。

〔16〕窜伏：隐藏。这里有沉沦之意。

〔17〕下流：地位微贱的人。

【译文】

　　一个人树立志向应当高尚远大，敬仰前代有才德的人，灭绝个人情欲，克服停滞不前的思想，使自己要做高尚的人的志向显露出来，让别人能够恳切地感受到。要能经受委屈和考验，摆脱生活琐事的纠缠，广泛征求别人的意见，排除怨恨和耻辱的情绪。若能做到这样，即使在名誉地位问题上受挫，自己的愿望不能实现，也不会动摇自己的志向和追求，还用担心不能成功吗？假如自己的意志不够坚定，意气不够激昂，只是固执于世俗而碌碌无为，被凡俗之情所束缚，久久地沉沦于平庸的境地之中，那就很难摆脱低下的地位了。

## 兵要（一）〔1〕

【说明】

　　《兵要》是诸葛亮从军事实践中，总结提出的"以法治军"所必须遵循的要领。它也是研究诸葛亮军事思想的重要资料。

　　这十则《兵要》，从军事纪律，良将的品德，用人选贤，将领的思想作风，捕捉和抓紧战机，打击歪风邪气，杜绝朋党，战术训练，驻防移防，军规军容等方面进行论述。它们共同的特点是：都是建军的经验之谈。它们虽难免偏颇片面，其要义在广度和深度上却是值得肯定的。

原文

军已近敌，罗落常平明[2]以先发，绝军前十里内，各案左右下道[3]，亦十里之内。数里之外，五人为部，人持一白幡，登高外向，明隐蔽之处。军至，转寻高而前。第一见贼，转语后第二，第二诣主者，白之[4]。凡候见[5]贼百人以下，但举幡指；百人以上，便举幡大呼。主者遣疾马往观察之。

注释

〔1〕本文见于《太平御览》卷三百三十一。
〔2〕罗落句：罗落，负责侦察、巡逻的士兵。平明，指天刚亮。
〔3〕下道：即上路。
〔4〕白之：向主管军官报告发现的敌情。
〔5〕候见：即侦察发现。

译文

军队和敌人接近以后，要派遣巡逻兵在天明以前就出发，搜索清楚大军前进十里之内的区域范围。大军出发后，再各按左右上路继续侦察，距离亦在十里之内。而军队出发后，当再派侦察队伍于大队人马前走出几里之外，五人为一组，每人拿一白旗，登高向外瞭望，探明隐蔽地带。大军到达后，这些五人小组

诸葛亮兵法

一三五

又另外再寻高地搜索前进。第一组发现敌情，迅速告诉第二组。第二组直接向主管军官报告发现的敌情。凡侦察发现敌军在百人以下，要举旗表明敌人所在位置；百人以上，就要高举旗帜大声呼喊。主将则迅速派出快马前往探明。

## 兵要（二）〔1〕

【原文】

凡军行营垒，先使腹心及乡〔2〕导前觇〔3〕审知，各令候吏〔4〕先行，定得营地，壁立军分数〔5〕，立四表候视，然后移营。又先使候骑前行〔6〕，持五色旌，见沟坑揭〔7〕黄，衢路揭白，水涧揭黑，林薮揭青，野火揭赤，以本鼓应之。立旗鼓，令相闻见。若渡水逾山，深邃林薮，精骁勇骑搜索数里无声，四周绝迹。高山树顶，令人远视，精兵四向要处防御，然后分兵前后，以为镇拓〔8〕，乃令辎重老小，次步后马，切在整肃，防敌至，人马无声，不失行列。险地狭径，亦以部曲〔9〕鳞次〔10〕，或须环回旋转，以后为前，以左为右，行则鱼贯，立则雁行。到前止处，游骑精锐，四向散列而立，各依本方下营。一人一步，随师多少，咸表十二辰，竖大旌长二丈八尺，审子午卯酉地，勿令邪僻，以朱雀旗竖午地，白虎旗竖酉地，玄武旗竖子地，青龙旗竖卯地，招摇旗[11]竖中央，其樵采牧饮，不得出表外也。

【注释】

〔1〕本文见于《太平御览》卷三百三十一。

〔2〕乡：通"向"。

〔3〕觇（chān）：看，窥看。

〔4〕候吏：负责占卜吉凶的官吏。

〔5〕壁立军分数：竖立界限，标明军队驻扎区域。

〔6〕候骑前行：巡逻侦察的骑兵在前面探路。

〔7〕揭：举起。

〔8〕镇拓：稳定秩序，开拓前进。

〔9〕部曲：古时军队编制单位。

〔10〕鳞次：像鱼鳞般整齐地排列。

〔11〕招摇旗：用以张扬、引人注目的旗帜。

【译文】

　　凡是军队迁移军营，主将须先派最信得过的人和向导前去仔细观察，详细了解情况，然后派负责占卜吉凶的官吏去确定新的扎营地点，并竖起标记，标明军队驻扎的区域界限，同时派人站立四周观望侦察。做好这些工作以后，再移动军营。在移营过程中，先派侦察兵在大军的前面，拿上五种不同颜色的旗帜，看到水沟和坑洼就举黄旗示意，看到路口就举白旗示意，遇到河流或深涧时，举起黑旗，遇到树林和沼泽时，举起青旗，遇到野火时，举起红旗，并击本营军鼓，回应示知。还要在以上各处树立旗帜，敲响军鼓，让部队官兵都能看见、听到。如果需要渡水翻山，或遇到深林大湖，要派精锐、勇敢的骑兵搜索数里，不见动静，再巡逻四周，绝无人迹，才可以前进。若遇到高山和大树，让人登上，向远处瞭望，并派精兵去四周重要地方设防防御。以上各种工作做好以后，兵分前后两部分，一面稳定秩序，一面开拓前进。这时才令辎重老小，依次跟随在步兵和马队后边行进，一定要使秩序严整，以防敌人突然来袭。务必使人马没有声音，并且不乱行列、不掉队。如果到了地势险要、路径狭窄的地方，要按部队编制，排列得像鱼鳞一样有秩序地前进。即使有时必须前后左右调换位置，使后军为前军，左军为右军，也必须做到像鱼贯一样，有秩序地交换。部队停止前进时，要像鸿雁的飞行行列那样整齐。到达宿营地点以后，负责巡逻的骑兵和精锐的战士迅疾向四面八方散开，做好保卫工作。各部分要按照自己的方位安营下寨。一人占一步的面积，可根据本部士兵的数量确定应占的面积。都要树起大旗，标明十二时辰的方位。先树起大旗，高二丈八尺，以此为准，辨清子午卯酉等旗帜所竖的地点，以防止出现偏差。一定要把朱雀旗竖立在午地，白虎旗树立在酉地，玄武旗树立在子地，青龙旗竖立在卯地，招摇旗树立在中央，不管任何人，即使打柴的、采野菜的、牧马的、饮水的，也一律不得越过标识。

## 兵要（三）〔1〕

【原文】

人之忠也，犹鱼之有渊，鱼失水则死，人失忠则凶。故良将守之，志立而名扬。

【注释】

〔1〕本文见于《太平御览》卷二百七十三。兵要：军事要领、原则。

【译文】

人有忠诚的品德，好像鱼有江、湖，鱼失去水就会死，人失去忠心就变得凶险。因此优秀的将领将信守它，立忠心之志而使声名远扬。

## 兵要（四）〔1〕

【原文】

不爱尺璧而爱寸阴者，时难遭而易失也。故良将之趋时也，衣不解带，足不蹑〔2〕地，履遗不蹑〔3〕。

【注释】

〔1〕本文见于《太平御览》卷二百七十三。

〔2〕蹑：踩。

〔3〕蹑：通"摄"，拾取。

【译文】

　　不爱极大的美玉却珍惜每一寸光阴，因为时机难以遇到而且容易失去。所以优良的将帅，为了追赶时机，常常衣服的带子顾不得松解（不顾休息），走起路来，脚不点地（走得快），甚至鞋子掉了都顾不上穿。

## 兵要（五）〔1〕

【原文】

　　贵之〔2〕而不骄，委之〔3〕而不专，扶之〔4〕而不隐，免之〔5〕而不惧，故良将之动〔6〕也，犹璧之不污。

【注释】

〔1〕本文见于《太平御览》卷二百七十三。

〔2〕贵之：给他以尊贵的地位。

〔3〕委之：委任他以重要的职务。

〔4〕扶之句：扶之，帮助辅佐他。隐，凭倚，依赖。

〔5〕免之：罢免他。

〔6〕良将之动：优秀将领的表现。动，举动，引申为表现。

【译文】

　　地位显赫而不骄傲，委任他重要的职务而不专权，扶持帮助他而不依赖别人，罢免他的职务而不感到恐惧。所以具备这些品德的优秀将领的表现，就好像美玉不染污浊而洁白无瑕。

# 兵要（六）〔1〕

良将之为政也，使人择之，不自举；使法量功，不自度。故能者不可蔽，不能者不可饰，妄誉〔2〕者不能进也。

〔1〕本文见于《太平御览》卷二百七十三。

〔2〕妄誉：胡乱赞扬。

优良的将帅处理政事，用人让别人推荐，自己不随便荐举。根据法令衡量人们的功过，不专靠个人猜想。所以有才能的人不会被埋没，没有才能的人也不会靠粉饰装扮而被任用，胡乱吹捧拍马屁的人也不会被提拔。

# 兵要（七）〔1〕

言行不同，竖私枉公〔2〕，外相连诬〔3〕，内相谤讪〔4〕，有此不去，是谓败乱。

〔1〕本文见于《北堂书钞》卷一百十三。

〔2〕竖私枉公：意为损公肥私。竖，立。枉，曲，引申为损害。

〔3〕连诬：互相勾结，造谣生事。

〔4〕谤（bàng）讪（shàn）：无中生有，造谣中伤。

【译文】

言行不一致，树立私党，违背公法，对外互相勾结，造谣诬陷，对内恶意攻击，诽谤中伤，有这种情况而不清除，这叫腐败混乱。

## 兵要（八）〔1〕

【原文】

枝叶强大，比居同势，各结朋党〔2〕，竞进憸人〔3〕，有此不去，是谓败征。

【注释】

〔1〕本文见于《北堂书钞》卷一百十三。

〔2〕朋党：指同类的人为自私目的而互相勾结。

〔3〕憸（xiān）人：邪佞之人。

【译文】

部将们势力强大，几乎有主帅那样的地位和权势，各自勾结发展私党，竞相提拔奸邪小人，有了这些坏现象，还不立即去掉，这就是失败的征兆。

# 兵要（九）[1]

**【原文】**

有制之兵[2]，无能之将，不可以败；无制之兵，有能之将，不可以胜。

**【注释】**

〔1〕本文引自杨时《性理》诸葛亮语。

〔2〕有制之兵：有纪律约束的士兵。

**【译文】**

有严明法纪的军队，即使碰上没有才能的将领，也不至于打败仗；没有纪律的军队，即使是名将指挥，也不可能打胜仗。

# 兵要（十）[1]

**【原文】**

督将已下，各自有幡。军发时，幡指天者胜。

**【注释】**

〔1〕本文出于《北堂书钞》卷一百二十。

**【译文】**

督将以下的军官，各部都有自己的军旗。军队出发时，军旗飘飘荡荡指向天空，象征胜利。

# 南 征 教〔1〕

【说明】

　　蜀国西南四郡（永昌、益州、越巂、牂牁）当时称为南中，是少数民族聚居的地方。雍闿，趁蜀伐吴兵败之机，勾结少数民族首领孟获、越巂夷王高定，牂牁郡丞朱褒起兵叛蜀。公元225年，诸葛亮亲率大军南征平叛。诸葛亮一贯主张推行"西和诸戎，南抚夷越"的民族政策。南征前，他又采纳参军马谡的建议，以"攻心为上"作为战略指导思想，并为此发布了给部属的南征教令。

【原文】

　　用兵之道〔2〕，攻心〔3〕为上，攻城为下；心战〔4〕为上，兵战为下。

【注释】

　　〔1〕本文见于陈寿《三国志》卷三十九《马谡传》。南征：指诸葛亮在公元223年的南伐平叛。南，指益州南中地区，即今云南、贵州及四川西部地区，为少数民族聚居地。

　　〔2〕道：原则、规律。

　　〔3〕攻心：瓦解敌军斗志。

　　〔4〕心战：斗智。

【译文】

　　用兵的规律，攻心为上策，攻城为下策；运用心理战为上策，用军队决胜负为下策。

# 绝盟好议 [1]

【说明】

公元222年，孙权称帝，其群以并尊二帝来告。议者咸以为交之无益，而名体弗顺，宜显明正义，绝其盟好。亮发此"议"。

【原文】

权有僭逆之心 [2] 久矣，国家所以略其衅 [3] 情者，求掎角之援 [4] 也。今若加显绝，雠我必深，便当移兵东伐，与之角力 [5]，须并其土，乃议中原。彼贤才尚多，将相缉穆 [6]，未可一朝定也。顿兵相持，坐而须老，使北贼得计，非算之上者。

若孝文 [7] 卑辞匈奴，先帝优与吴盟，皆应权通变，弘思远益，非匹夫之为忿者也。今议者咸以权利在鼎足，不能并力，且志望以满，无上岸之情 [8]，推此，皆似是而非也。何者？其智力不侔，故限江自保；权之不能越江，犹魏贼之不能渡汉，非力有馀而利不取也。若大军致讨，彼高当分裂其地以为后规 [9]，下当略民广境，示武于内，非端坐者也。若就其不动而睦于我，我之北伐，无东顾之忧，河南之众不得尽西 [10]，此之为利，亦已深矣。权僭之罪，未宜明也。

[注释]

〔1〕 本文见于陈寿《三国志》卷三十五《诸葛亮传》裴松之注引《汉晋春秋》。

〔2〕僭（jiàn）逆之心：指称帝的野心。僭，超越本分的越轨行为。

〔3〕衅（xìn）情：即罪恶的意图。衅，罪过。

〔4〕掎（jǐ）角之援：军事术语。指作战时分出少部分兵力来夹击或牵制敌人。掎角，又作"犄角"，相传古时候捕鹿，一人执角，一人拖腿，叫掎角。

〔5〕角力：意为较量武力。

〔6〕缉穆：团结和睦。

〔7〕孝文：即汉文帝刘恒。

〔8〕无上岸之情：意思是指孙权没有渡江北上攻魏的意图。

〔9〕后规：意为后来的规划。

〔10〕河南之众不得尽西：指曹魏防守东吴的军力不能够全部抽调来对付西边的蜀军。

[译文]

孙权超越本分想当皇帝的心思由来已久了。我国所以不计较他的罪过，是想求得犄角之援罢了。现在如果公开地与其绝交，他们必定会仇视我国，那我们也只好发兵东伐，同他们较量，吞并他们的土地，然后才能北伐中原。何况目前他们的人才尚多，将相之间相互团结，不是短时间内能够平定的，而屯兵于坚城之下，坐而待老，使曹魏得计，这也不是上策。

过去孝文帝用谦让的态度对待匈奴，先帝以优厚的条件与东吴联盟，都是依据形势随机应变，从大处着眼来考虑长远利益，而非普通百姓的一时之愤。现在议论的人都认为孙权以三国鼎立最为有利，不能和我们齐心合力，况且他们的志向已经得到满足，没有渡江北上伐魏的念头。据此分析，所得的都是似是而非的推论。为什么孙权不伐魏呢？因为他们的智力及力量和曹魏都不能同日而语，只能以长江为天堑限于自保；孙权他不能超越长江，就好像曹魏不能渡汉水一样，并不是力量有余而利益不足以夺取。如果我们奋力伐魏，他们的上策是先割取魏国土地作为以后进一步发展的基地，下策是掳掠人口，开拓国土，向国内炫耀武力。总之不会安坐不动的。若他们按兵不动而和我们友好，我军的北伐，就会没有东顾之忧，而曹魏用来对付东吴的军队也不可能全部西调来对付我们，这种好处，也就很深了。所以孙权称帝的罪过，不宜公开张扬。

## 答法正书〔1〕

【说明】

蜀国刚建立，诸葛亮制定了一系列严刑峻法来治国，此举引起法正不满，他认为法律过于严厉，于是诸葛亮写了此文回答法正。

【原文】

君知其一，未知其二。秦以无道，政苛民

怨，匹夫大呼，天下土崩，高祖因之，可以弘济。刘璋暗弱，自焉已来有累世之恩，文法羁縻[2]，互相承奉，德政不举，威刑不肃。蜀土人士，专权自恣，君臣之道，渐以陵替[3]；宠之以位，位极则贱；顺之以恩，恩竭则慢。所以致弊，实由于此。吾今威之以法，法行则知恩；限之以爵，爵加则知荣；恩荣并济，上下有节。为治之要，于斯而著。

【译文】
　　您只知其一，不知其二。秦朝暴虐无道，政令苛刻，人民怨恨，百姓登高一呼，天下顷刻土崩瓦解。高祖皇帝审时度势，很快取得成功，并借以实行了宽大政策。刘璋昏庸无能，自他父亲刘焉以来已有两代人的恩惠，而文法繁多，相互牵扯，百官之间互相吹捧，德政不举，刑法不严。本地豪强专横霸道，君臣关系逐渐废弛。刘氏父子对他们许以高位，官位高了却反而不值钱；以恩惠顺从他们，恩惠施尽了他们却更傲慢，所以造成这种弊病，原因就在于此。我今天施行严峻的刑法，实行法令他们才知道什么是恩惠；限制爵位，爵位加了他们才知道什么是荣耀；恩荣并举，上下才会有法度，施政的要领，从这些方面可以显现出来。

## 劝将士勤攻己阙教〔1〕

【说明】

街亭之败后，有人劝诸葛亮再次发兵。诸葛亮发文告，发动大家考核士卒微细的成绩，甄别壮烈将士的功劳，而他自己严格检讨所犯的错误，并追究失败的责任，把自己的过失布告天下。然后训练士兵，练习武艺，做长远打算。如此以后，将士得到选拔与训练，老百姓从过去失败的痛苦中解脱了出来。

【原文】

大军在祁山〔2〕、箕谷，皆多于贼，而不能破贼为贼所破者，则此病〔3〕不在兵少也，在一人耳。今欲减兵省将，明罚思过〔4〕，校变通之道〔5〕于将来；若不能然者，虽兵多何益！自今已〔6〕后，诸有忠虑于国，但勤攻〔7〕吾之阙，缺则事〔8〕可定，贼可死，功可跷足而待矣。

【注释】

〔1〕本文见于陈寿《三国志》卷三十五《诸葛亮传》裴松之注引《汉晋春秋》。

〔2〕祁山：山名。在今甘肃省境内。

〔3〕病：问题，弊病。

〔4〕明罚思过：指严明赏罚和检查过失。

〔5〕校变通之道：校，此有修改审订之意。变通之道，在既定的基础上有所改变。

〔6〕已：通"以"。

〔7〕攻：批评，揭示。

〔8〕事：此指北伐事业。

【译文】

大军在祁山、箕谷时人数都比敌人多，然而不但不能打败敌人，反而被敌人打败。由此看来，这次失败的原因，不在兵少，而在我一个人身上。现在想减少兵员，精简将领，明确惩罚，反省过失，进一步研究改进未来作战的策略，变化通达的方法，以适应将来的形势，如果不能这样，即使兵再多，又有什么用处呢？从今以后，各位忠于国家事业的将领，只管常常批评我的过失与错误，这样恢复汉室的大业定能成功，消灭敌人的宏愿就可实现，我们就可以踮起脚尖期待成功的到来了。

## 答惜赦 [1]

【原文】

治世以大德，不以小惠，故匡衡 [2]、吴汉不愿为赦。先帝亦言，吾周旋陈元方、郑康成 [3] 间，每见启告，治乱之道悉矣，曾不语赦也。若刘景升、季玉[4]父子，岁岁赦宥[5]，何益于治！

【注释】

〔1〕本文见于陈寿《三国志》卷三十三《后主传》裴松之注引《华阳国志》。惜：吝惜，舍不得。赦（shè）：赦免。诸葛亮任丞相13年，除刘备、刘禅登基时按封建惯例大赦过两次外，一般不轻易大赦。

〔2〕匡衡、吴汉：匡衡，字稚圭。西汉元帝时丞相。他曾建议元帝，不要年年大赦。吴汉，字子颜。东汉光武帝时的大将军。吴汉病危时，光武帝征求他治政意见，他说："臣愚，无所知识，惟愿陛下慎无赦而已。"

〔3〕陈元方、郑康成：陈元方，名纪。汉献帝时曾官尚书令。郑康成，名玄。东汉经学大师。

〔4〕刘景升、季玉：刘景升，即刘表。刘季玉，即刘璋。

〔5〕宥（yòu）：原谅，宽大。

【译文】

治理国家要用大恩大德，不能靠小恩小惠，所以匡衡、吴汉等人都不主张宽恕罪人。先帝也说过，我从前曾和陈纪、郑玄等人来往，常受到他们的忠告。他们把治世与乱世的道理讲得很清楚，但没有讲过大赦。像刘表、刘璋父子年年大赦，对治理国家有什么好处呢！

诸葛亮兵法

**【原文】**

彼本无战情[2]，所以固请战者，以示武于其众耳。将在军，君命有所不受[3]。苟能制吾，岂千里而请战邪！

**【注释】**

〔1〕本文见于陈寿《三国志》卷三十五《诸葛亮传》裴松之注引《汉晋春秋》。

〔2〕彼本句：彼，指司马懿。战情，一本作"战心"。

〔3〕将在军，君命有所不受：语出《孙子·九变》。意思是将军在外领军打仗，有随机应变的指挥权。

**【译文】**

司马懿本来就没有开战的打算，所以坚决请求交战的缘由，只是向他的部下表示他是主张打的。将军在军营，即使是君王的命令也可以不接受。如果他能够战胜我们，哪里有到千里之外的朝廷去请求作战的道理呢？

# 书 目